Polyglott-Reiseführer

Portugal

Das Festland

Heidrun Reinhard

Polyglott Verlag München

Langenscheidt Mini-Dolmetscher Portugiesisch

Allgemeines

Guten Tag.	Bom dia. [bõ **dia**]
Hallo!	Olá! [o**la**]
Wie geht's?	Como está? [**ko**mu‿isch**ta**]
Danke, gut.	Tudo bem, obrigado (m.) / obrigada (w.). [**tu**du bẽj ubri**ga**du / ubri**ga**da]
Ich heiße ...	Chamo-me ... [**scha**mu‿me]
Auf Wiedersehen.	Até logo / Adeus. [a**te lo**gu / a**de**·usch]
Morgen	manhã [ma**njã**]
Nachmittag / Abend	tarde [**tar**də]
Nacht	noite [**noj**tə]
morgen	amanhã [ama**njã**]
heute	hoje [**o**schə]
gestern	ontem [**õn**tẽj]
Sprechen Sie Deutsch / Englisch?	Fala alemão / inglês? [**fa**la‿alə**mãu** / in**glesch**]
Wie bitte?	Como, desculpe? [**ko**mu di~~seh~~**kul**pə]
Ich verstehe nicht.	Não entendo. [nãu ĩn**tẽn**du]
Sagen Sie es bitte nochmals.	Se faz favor, repita. [sə **fa~~seh~~** fa**wor** re**pi**ta]
Bitte, ...	Se faz favor, ... [sə **fa~~seh~~** fa**wor**]
danke	obrigado (m.) / obrigada (w.) [ubri**ga**du / ubri**ga**da]
Keine Ursache.	De nada. [də **na**da]
was / wer / welcher	o que / quem / qual [u ke / kẽj / kwal]
wo / wohin	onde / para onde [**õn**də / **pa**ra **õn**də]
wie / wie viel	como / quanto [**ko**mu / **kwãn**tu]
wann / wie lange	quando / quanto tempo [**kwãn**du / **kwãn**tu **tẽm**pu]
warum	porquê [pur**ke**]
Wie heißt das?	Como se diz? [**ko**mu sə **di~~seh~~**]
Wo ist ...?	Onde está ...? Onde fica ...? [õndə‿isch**ta** / õndə‿**fi**ka]
Können Sie mir helfen?	Podia-me ajudar? [pu**dia**‿mə a~~seh~~u**dar**]
ja	sim [sĩ]
nein	não [nãu]
Entschuldigen Sie.	Desculpe. [di~~seh~~**kul**pə]
Das macht nichts.	Não faz nada. [nãu fa~~seh~~ **na**da]

Sightseeing

Gibt es hier eine Touristeninformation?	Há por aqui uma informação turística? [**a** pur‿a**ki u**ma ĩnfurma**ßãu** tu**risch**tika]
Haben Sie einen Stadtplan / ein Hotelverzeichnis?	Tem um mapa da cidade / uma lista dos hotéis? [tẽj ũ‿**ma**pa da ßi**da**də / uma **lisch**ta dus‿o**teisch**]
Wann ist das Museum geöffnet / geschlossen?	A que horas o museu está aberto / fechado? [a ki‿**o**rasch u mu**seu** isch**ta**‿a**ber**tu / fe**scha**du]
Wann ist die Kirche / die Ausstellung geöffnet / geschlossen?	A que horas a igreja / a exposição está aberta / fechada? [a ki‿**o**rasch a i**gre~~seh~~**a / a ischpusi**ßãu** isch**ta** a**ber**ta / fe**scha**da]

Shopping

Wo gibt es ...?	Onde há ...? [**õn**də **a**]
Wieviel kostet das?	Quanto custa isto? [**kwãn**tu **kusch**ta **isch**tu]
Das ist zu teuer.	É caro demais. [e **ka**ru də**maisch**]
Das gefällt mir (nicht).	Eu (não) gosto disso. [eu (nãu) **gosch**tu **di**ssu]
Gibt es das in einer anderen Farbe / Größe?	Existe esse modelo noutra cor / noutro tamanho? [es**isch**tə essə mo**de**lu **no**tra **kor** / **no**tru ta**ma**nju]
Ich nehme es.	Levo isto. [**le**wu **isch**tu]
Wo ist hier eine Bank?	Onde há um banco? [**õn**də a ũ‿**bãn**ku]
Ich suche einen Geldautomaten.	Onde posso encontrar uma caixa automática? [**õn**də **po**ssu inkõn**trar** uma **kai**scha‿autu**ma**tika]
Ich möchte 100 g Käse / zwei Kilo Orangen.	Queria cem gramas de queijo / dois kilos de laranjas. [ke**ri**a sẽj **gra**masch də **kej~~seh~~**u / dojsch **ki**lusch də la**rãn~~seh~~**asch]
Haben Sie deutsche Zeitungen?	Tem jornais alemães? [tẽj ~~seh~~ur**najsch** alə**mãjsch**]
Wo kann ich telefonieren / eine Telefonkarte kaufen?	Onde posso telefonar / comprar um cartão de telefone? [**õn**də **po**ssu telefu**nar** / kõm**prar**‿ũ kar**tãu** də tele**fo**nə]

Notfälle

Ich brauche einen Arzt / Zahnarzt.	Preciso de um médico / um dentista. [pre**ßi**su də ũ‿**me**diku / ũ‿dẽn**tisch**ta]
Rufen Sie bitte einen Krankenwagen / die Polizei.	Chame, se faz favor, uma ambulância / a polícia. [**scha**mə sə fa~~sch~~ fa**wor** **u**ma ãmbu**lã**ßia / a po**li**ßia]
Wir hatten einen Unfall.	Tivemos um acidente. [ti**we**musch ũ aßi**den**tə]
Wo ist das nächste Polizeirevier.	Onde fica o posto de polícia mais próximo? [**õn**də **fi**ka u **posch**tu də po**li**ßia maisch **pro**ßimu]
Ich bin bestohlen worden.	Fui roubado. [**fu**i ro**ba**du]
Mein Auto ist aufgebrochen worden.	Assaltaram-me o carro. [asal**ta**rãu‿mə u **ka**ru]

Essen und Trinken

Die Speisekarte bitte.	A ementa, se faz favor. [a e**mẽn**ta sə fa~~sch~~ fa**wor**]
Brot	pão [pãu]
Kaffee	café [ka**fe**]
Tee	chá [scha]
mit Milch / Zucker	com leite / açúcar [kõ **lei**tə / a**ßu**kar]
Orangensaft	sumo de laranja [**ßu**mu də la**rãn**~~sch~~a]
Suppe	sopa [**ßo**pa]
Fisch / Meeresfrüchte	peixe / mariscos [**pei**schə / ma**risch**kusch]
Fleisch / Geflügel	carne / aves [**kar**nə / **a**wəsch]
vegetarisches Gericht	prato vegetariano [**pra**to wə~~sch~~əta**rja**nu]
Eier	ovos [**o**wusch]
Salat	salada [sa**la**da]
Dessert	sobremesa [sobrə**me**sa]
Obst	fruta [**fru**ta]
Eis	gelado [~~sch~~e**la**du]
Wein	vinho [**wi**nju]
weiß / rot / rosé	branco / tinto / rosé [**brãn**ku / **tĩn**tu / ro**se**]
Bier	cerveja [ser**we**~~sch~~a]
Aperitif	aperitivo [aperi**ti**wu]
Wasser	água [**a**gwa]
Mineralwasser	água mineral [**a**gwa mine**ral**]
mit / ohne Kohlensäure	com gas / sem gas [kõ gas / ßẽi gas]
Limonade	limonada [limo**na**da]
Frühstück	pequeno almoço [pə**ke**nu al**mo**ßu]
Mittagessen	almoço [al**mo**ßu]
Abendessen	jantar [~~sch~~ãn**tar**]
eine Kleinigkeit	uma coisa pequena [uma **koj**sa pə**ke**na]
Ich möchte bezahlen.	A conta, se faz favor. [a **kõn**ta, sə fa~~sch~~ fa**wor**]
Das Essen war sehr gut / nicht so gut.	Gostei muito da comida. / Não, não gostei muito da comida. [gosch**tej** mũjtu da ko**mi**da / nãu nãu gosch**tej** mũjtu da ko**mi**da]

Im Hotel

Ich suche ein gutes / nicht zu teures Hotel.	Estou procurando um bom hotel / um hotel econômico. [**isch**tou proku**rãn**du ũ bõ o**tel** / ũ o**tel** eko**no**miku]
Ich habe ein Zimmer reserviert.	Eu reservei um quarto. [eu reser**wei** ũ **kwar**tu]
Ich suche ein Zimmer für ... Personen.	Eu estou procurando um quarto para ... pessoas. [eu **isch**tou proku**rãn**du ũ **kwar**tu **pa**ra ... pe**sso**əsch]
Mit Dusche und Toilette.	Com chuveiro e toalete. [kõ schu**wej**ru i twa**le**tə]
Mit Balkon und Blick aufs Meer.	Com varanda / vista para o mar. [kõ wa**rãn**da / **wi**schta para u mar]
Wieviel kostet es pro Nacht?	Quanto é a diária? [**kwãn**tu e a di**a**ria]
Mit Frühstück?	Com pequeno almoço? [kõ pə**ke**nu al**mo**ßu]
Kann ich das Zimmer sehen?	Posso ver o quarto? [**po**ssu wer u **kwar**tu]
Haben Sie ein anderes Zimmer?	Não têm outro quarto? [nãu tẽj otru **kwar**tu]
Das Zimmer gefällt mir (nicht).	Eu (não) gosto deste quarto. [eu (nãu) **gosch**tu **des**tə **kwar**tu]
Kann ich mit Kreditkarte bezahlen?	Posso pagar com cartão de crédito? [**po**ssu pa**gar** kõ kar**tãu** də **kre**ditu]
Wo kann ich parken?	Onde posso estacionar? [**õn**də **po**ssu ischtasio**nar**]
Können Sie das Gepäck in mein Zimmer bringen?	Podem levar a bagagem para o meu quarto? [**po**dẽj le**war** a ba**ga**~~sch~~ẽj **pa**ra u meu **kwar**tu]
Haben Sie einen Platz für ein Wohnmobil?	Têm lugar para um carro camping? [tẽj lu**gar** para ũ karu kam**ping**]
Wir brauchen Strom / Wasser.	Precisamos de corrente eléctrica / água [preßi**sa**mus də ko**rẽn**tə i**le**trika / **a**gwa]

Allgemeines

Städtebeschreibungen

Routen

Routen

Bildnachweis

Alle Fotos APA Publications/Mark Read außer Archiv für Kunst und Geschichte, Berlin: 17/2; A. M. Begsteiger: 11/2, 15/1, 27/1, 33/1, 41/3, 61; Heidrun Reinhard: 19/2-3, 21/2, 23/2, 27/2, 29/2, 35, 37/3, 41/2, 43, 45/1, 53/1-2, 57/1, 59/2; Süddeutscher Verlag, Bilderdienst: 17/1; Umschlag: APA, Singapore/D. & J. Heaton (Bild), Bernd Ducke/Superbild (Flagge).

Editorial

Alte bäuerliche Tradition prägt das Gebirgsland im Nordosten

Portugiesen empfinden es als ausgesprochen kränkend, wenn ihr Land als Anhängsel Spaniens betrachtet wird, haben sie doch ihre Eigenart in Jahrhunderten der Abgrenzung gegen den ungeliebten Nachbarn entwickelt. Bis heute definiert sich Portugal als ruhmreiche Entdeckernation, obwohl über 500 Jahre vergangen sind, seit portugiesische Seefahrer über die Weltmeere zu unbekannten Kontinenten vorstießen. Die innere Ferne zu Europa ist trotz des EU-gestützten Modernisierungsschubs noch heute spürbar.

Portugals Tor zur Welt: die Praça do Comercio in Lissabon

Der Verlust des Kolonialreichs und der Absturz in die Bedeutungslosigkeit wurden nie verschmerzt. Melancholie bestimmt die Befindlichkeit der Portugiesen. *Saudade* heißt die vielzitierte Weltschmerzstimmung, die sich in wehmütiger Beschwörung des Unwiederbringlichen verzehrt. Ihr musikalischer Ausdruck ist das schluchzende Lamento des *fado* (vom lateinischen fatum – Schicksal), der die Lust am Traurigsein zum Thema hat.

Wie der Fado, so ist der gesamte Lebensrhythmus auf andante gestimmt: Langsam sind die Bewegungen, unergründlich die Blicke. Wunschträume verdrängen häufig die Wirklichkeit, vitaler Tatendrang ist eher verdächtig.

Auf windumbrauster Klippe über dem Ozean, in der verwunschenen Exotik eines alten Parks, in verschlafenen Altstadtwinkeln, auf den Weinterrassen des Douro-Tals, in der wilden Einsamkeit des Gerês-Gebirges oder in einem Burgstädtchen im Alentejo – das spezifische Portugal-Gefühl stellt sich besonders an solchen Orten ein, an denen sich die Seele weit hinauslehnen kann.

Die Autorin

Heidrun Reinhard studierte in München Kunstgeschichte und Germanistik. Viele Jahre Verlagslektorin und Lehrbeauftragte für Architekturgeschichte, interessiert sie sich vor allem für die regionale Vielfalt Südeuropas. Sie lebt als freie Autorin in München und Venedig.

Am Atlantik: wechselhaft

Portugal ist nicht Spanien. Das wird gleich beim Grenzübertritt augenscheinlich. Wer etwa über Vilar Formoso einreist, erlebt den raschen Wechsel von den baumlosen, dürren Weiten Spaniens in kleinräumiges, grünes und vielgestaltiges Hügelland. Weich, nasal und verfließend ist der portugiesische Sprachklang im Gegensatz zum harten Stakkato des Spanischen, trotz der großen Ähnlichkeit des Schriftbilds.

Lage und Landschaft

Portugal ist auf der Landkarte nur ein kleiner Streifen im Südwesten der Iberischen Halbinsel, der im Westen und Süden an den Atlantik, im Norden und Osten an Spanien grenzt. Von der spanischen Meseta stuft sich das portugiesische Hochland in Terrassen von Nordosten nach Südwesten ab. Der Tejo (span. Tajo), der größte Fluss der Iberischen Halbinsel, trennt den bergigen, von granitenem Urgestein geprägten Norden *(montanhas)* vom flachwelligen Süden *(planícies)*. Douro, Minho und andere Flüsse haben tiefe Einschnitte in die Höhenzüge des Nordens gekerbt. Der Lauf des Guadiana bildet im Süden auf einer längeren Strecke die natürliche Grenze zu Spanien.

Trotz der geringen Fläche bietet Portugal eine unglaubliche Vielfalt wechselnder Landschaftsbilder. Im Norden: unberührte, wald- und wasserreiche Gebirge und die von Pinienwäldern gesäumte *Costa Verde;* das fruchtbare Gartenland des *Minho,* die steilen Weinterrassen des *Douro* und das abgeschiedene Land „hinter den Bergen", *Trás-os-Montes.* In der Mitte: auf fast 2000 m ansteigende schroffe Gebirge in der *Serra da Estrela* und das Weinland der Flusstäler *(Dão);* die *Lagune (Ria) von Aveiro* und das fruchtbare Schwemmland *(Lezírias)* des Tejo. Im Süden: Portugals Kornkammer, der *Alentejo,* mit seinen weiten Horizonten und die vegetationsreiche *Serra de Monchique.* Sie ist der klimatische Schutzschild für die südlichste Region *Algarve* mit ihrer felsigen Westküste und der flachen, sandigen Ostküste.

Klima und Reisezeit

Der Atlantik beeinflusst das Klima in ganz Portugal. Die Nähe zum Ozean hält die Temperaturen niedriger als in vergleichbaren Breiten des Mittelmeers, es fallen mehr Niederschläge und das Wetter wechselt schneller. Wie die Landschaften verändert sich auch das Klima von Nord nach Süd und von Ost nach West. Ein spezielles Mikroklima haben Kleinregionen wie die *Costa do Estoril* bei Lissabon und die benachbarte *Serra de Sintra.* Regen und Nebel gehören besonders im Norden zum portugiesischen Wetter. Kontinentale Temperaturextreme zwischen Winterkälte und Sommerhitze kennzeichnen das abgelegene Trás-os-Montes. In der Serra da Estrela liegt im Winter so viel Schnee, dass man dort sogar Ski fahren kann. Während die Sommertemperaturen an der Westküste gemäßigt sind, klettern sie im Süden bis an die Grenze des Erträglichen. Nur in der Algarve, der wärmsten Region Portugals, sind die Winter wirklich frühlingshaft. Dort herrscht ganzjährig Reisewetter mit sagenhaften 3000 Sonnenstunden im Jahr. Sonst kann es im Winter in Portugal recht feucht und kalt sein.

Natur

Wo Geografie und Klima so unterschiedliche Bedingungen schaffen, gedeiht eine vielfältige Pflanzenwelt. Jede Region Portugals hat ihre botanische Eigenart. Üppiges Wachstum charakterisiert den atlantischen Norden und geschützte Zonen Mittelportugals, wo nebeneinander Pflanzen aus Nord-

und Südeuropa zu finden sind. So wächst z. B. in der Serra da Estrela die nordische Birke neben dem mediterranen Oleander. Die Mischwälder aus Pinien, Eichen, Steinlinden und Kastanien weichen in jüngster Zeit leider immer mehr Eukalyptus-Monokulturen (s. S. 11). Steppenartig wirkt der Süden mit Buschland und ausgedehnten Kulturen von Kork- und Steineichen sowie Oliven. Auch hier ist der Eukalyptus auf dem Vormarsch. Bananen und Zuckerrohr wachsen unter semitropischen Bedingungen an der Algarveküste.

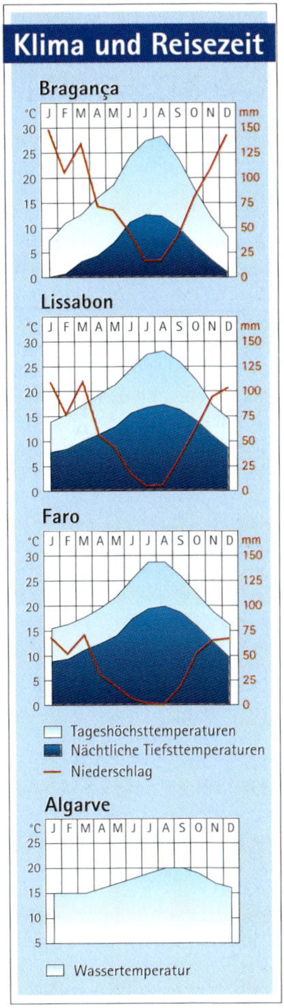

Naturschutzgebiete

Zur Erhaltung ökologisch intakter Landschaften wurden von staatlicher Seite Naturschutzgebiete ausgewiesen. Am wichtigsten: der Nationalpark *Peneda-Gerês* im äußersten Norden. Außer dem Naturpark der *Serra da Estrela* liegen die meisten geschützten Zonen entlang der Grenze zu Spanien *(Serra de Montezinho, Malcata, São Mamede)* oder an der Küste (Dünengebiet bei *Aveiro, Serra de Sintra, Serra da Arrábida*, Westküste von *Sines* bis *Sagres*, die Lagunen der östlichen Algarve). Strenger Schutz gilt für die Feuchtgebiete (Vogelkolonien, Brutplätze) im Delta des *Sado* südlich von Setúbal, im Nordteil des *Tejo*-Deltas und das Sumpfland *(sapal)* von Castro-Marim vor der *Guadiana*-Mündung. Ein Dorado für Gartenliebhaber sind die Quinta-Gärten, Parks und Botanischen Gärten mit exotischen Raritäten (Hinweise bei den Ortsbeschreibungen).

Waldbrände

Dagegen steht das traurige Kapitel der sommerlichen *Waldbrände*. Gemessen am jährlichen Verlust von Waldareal in Relation zur Landesfläche nimmt Portugal in Südeuropa die Spitzenposition ein. Meist handelt es sich um Brandstiftung. So wurden im Sommer 1990 in sechs Wochen 9500 Brandstiftungen aktenkundig, die 25 000 ha Wald zerstörten. Insgesamt verbrannten in den letzten 20 Jahren 1,3 Mio. ha Wald.

Im Nationalpark Peneda-Gerês leben wilde Ziegen

Bevölkerung und Religion

Trotz seiner Randlage war Portugal in der Vergangenheit Durchgangsland für viele Völker. Die iberische und lusitanische Bevölkerung mischte sich im Lauf der Geschichte mit Phöniziern, Kelten, Römern, Germanen und Arabern. Aus den Kolonien in Asien und Afrika kamen seit dem Zeitalter der Entdeckungen Einwanderer, darunter viele Mischlinge aus Verbindungen portugiesischer Kolonisten in Übersee. Fremdenfeindlichkeit und Rassenwahn waren in Portugal immer unbekannt. Das zeigte sich auch, als nach dem Zusammenbruch der Kolonialherrschaft in Mozambique und Angola 1975 über 700 000 Flüchtlinge, die man rücksichtsvoll als Rückkehrer *(retornados)* bezeichnete, integriert werden mussten. Freilich überstieg die Einwanderungswelle die strukturellen Kapazitäten des Landes. Um Lissabon wuchsen Slums *(bairros da lata)*, in denen noch heute Zigtausende, vor allem Schwarzafrikaner, in großer Armut leben.

Für Portugal war es seit jeher schwierig, die eigene Bevölkerung zu ernähren. Auch heute sind ca. 3,5 Millionen Portugiesen im Ausland ansässig *(emigrantes)*, meist in Frankreich, aber auch in Übersee. Knapp 10 Millionen leben auf dem portugiesischen Festland, drei Viertel davon im Küstenbereich, nur ein Viertel im Binnenland. Dünn besiedelt ist der Süden, während die Übervölkerung im Nordwesten stets Emigrationswellen auslöste. Die starke Landflucht bewirkte, dass sich inzwischen über die Hälfte der Portugiesen auf die Großräume Lissabon (30 %) und Porto/Braga (27 %) konzentriert.

Die sozialen Gegensätze sind nach wie vor groß, ein Sozialleistungssystem ist noch kaum entwickelt. Die Unterschicht (Fischer, Bauern, Industriearbeiter, Rentner) ist bitterarm, die Oberschicht extrem reich. Bis heute liegen Großindustrie, Bankwesen, und Großgrundbesitz in den Händen weniger Familien. In den Städten entwickelte sich seit der Nelkenrevolution 1974 eine konsumorientierte, moderne Mittelschicht, die an der traditionellen Ständegesellschaft rüttelt. Mangelhaft ist nach wie vor das Bildungssystem, da sich die unteren Bevölkerungsschichten weiterführende Schulen nicht leisten können. Etwa 15 % der Portugiesen sind noch immer Analphabeten.

Portugal ist ein katholisches Land. Seit den Zeiten der Reconquista (s. S. 14) stellte die Papstkirche, vertreten durch Mönchs- und Ritterorden, eine wichtige Stütze des Königtums und der feudalen Gesellschaft dar. Den Niedergang des kirchlichen Einflusses nach dem Sturz der Monarchie 1910 hielt am 13. Mai 1917 ein Wunder auf: Fátima, auf das die Kirche ihre Gläubigen wieder einschwören konnte. Die klerikalfaschistische Salazar-Diktatur, die sich ausdrücklich als „katholischer Staat" bezeichnete, erhob den Fátima-Kult zum Staatsmythos. Trotz Trennung von Kirche und Staat verschafft sich die Kirche heute, u. a. durch die Leitung privater Schulen, zweier Universitäten und durch einen eigenen Radiosender, Gehör im Lande. Die Hochburg des Katholizismus ist Braga im kirchenfrommen Norden, während der Süden immer schon antikirchlich gesinnt war.

Brauchtum und Feste

Die Festesfreude der Portugiesen ist riesengroß. Anlass geben unzählige Heiligenfeste *(festas)* und Wallfahrten *(romarias)*, oft verbunden mit Märkten *(feiras)*. Besonders im Norden pflegt jede noch so kleine Ortschaft ihre eigenen Festtraditionen mit Musik, Tanz, lautstarkem Feuerwerk und ganz speziellen Bräuchen. Dabei erweist sich der christliche Kult oft nur als dünne Patina, unter der Wunderzauber und archaische Fruchtbarkeitsriten sichtbar werden. Im Volksglauben sind Hexen, Meermädchen und Werwölfe so gegenwärtig wie die christlichen Heiligen.

Wirtschaft und Umwelt

Portugal hat seit dem EG-Beitritt 1986 dank üppig fließender Brüsseler Subventionsgelder einen enormen Modernisierungsschub erlebt. Das Bruttosozialprodukt beträgt bereits 70 % des EU-Durchschnitts. Obwohl die Wachstumsrate gewaltig ist, erweist es sich als schwierig, ein halbes Jahrhundert ökonomischen Rückstands aufzuholen. Momentan gilt das einstige Armenhaus Portugal jedenfalls als Musterknabe, der mit Bravour die Erfüllung der Maastricht-Kriterien gemeistert hat.

Freilich ist das Land immer noch von großen Gegensätzen geprägt. Gewinner des radikalen Strukturwandels ist vor allem das sich rasant entwickelnde *Dienstleistungsgewerbe* (Banken, Versicherungen, Tourismus). Im Umkreis der Städte breiten sich riesige Einkaufszentren für die neue Konsumgesellschaft aus. In die Krise geraten sind dagegen angestammte Wirtschaftszweige wie *Textil- und Schuhindustrie* und das ewige Stiefkind, die *Landwirtschaft*. Zu den Ärmsten gehören nach wie vor die Beschäftigten in der Landwirtschaft (knapp 10 % der Bevölkerung), Kleinbauern und Saisonarbeiter in den Weinregionen und Korkeichenplantagen. Schlecht geht es auch der *Fischereiwirtschaft*. Während eine hochmoderne spanische Fangflotte die Hochsee ausbeutet, bleibt den Portugiesen kaum mehr als ertragsarme Küstenfischerei.

Das Heer der Industrie- und Bauarbeiter bezieht nur etwa ein Viertel der entsprechenden deutschen Löhne. So bleibt durch Niedriglöhne und flexible Zeitverträge der Arbeitsmarkt für ausländische Investoren trotz der Konkurrenz in Osteuropa und Asien attraktiv. So hat z. B. VW mit Ford bei Setúbal ein Autowerk gebaut, das mit bisher 3000 Beschäftigten Portugals größter industrieller Auftraggeber ist.

Im Würgegriff der *Papierindustrie* befindet sich die *Forstwirtschaft*. Wo sich einst Mischwälder und Olivenhai-

Mit Hämmern und Zwiebelblüten feiert Porto das Johannis-Fest

Portugals Bevölkerung spiegelt die Länder seines ehemaligen Kolonialreichs wider

Steckbrief

Landesgröße: 88 500 km² (15 % der Iberischen Halbinsel)

Küstenlänge: 832 km

Maximale Ausdehnung: 560 km N/S, 218 km O/W

Einwohner: 10 Millionen

Hauptstadt: Lissabon

Sprache: Portugiesisch (wird weltweit von 180 Millionen Menschen gesprochen; Hauptanteil: Brasilien)

Regionen von Nord nach Süd: Minho, Trás-os-Montes, Douro, Beira Alta, Beira Baixa, Beira Litoral, Estremadura, Ribatejo, Alto und Baixo Alentejo, Algarve.

ne ausbreiteten, dominiert *Eucalyptus globulus*, der die Papierrohmasse für die Zellstofffabriken liefert, eine Ware, die die traditionellen Exportgüter Wein und Kork weit überflügelt hat. Jeder sechste Baum Portugals ist heute schon ein Eukalyptus. Eukalyptus-Monokulturen sind für Waldbesitzer „grünes Erdöl", weil sie schnelles Geld bringen. Ökologisch aber sind sie höchst bedenklich. Wo die Bäume ihre langen Wurzeln tief in den Boden senken, versiegen Quellen und Brunnen, die Felder trocknen aus. Flora und Fauna verarmen. In diesem Wald hüpft kein Hase und singt kein Vogel, er ist tot. Außerdem ist die Verschmutzung der Flüsse durch die Abwässer der Zellstofffabriken ein enormes Problem. Umweltschutzauflagen werden kaum befolgt. Überhaupt ist das Umweltbewusstsein in Portugal noch wenig entwickelt. Plastikabfälle zieren Straßenränder, Dünen und Picknickplätze. Da es keine Sperrmülldeponien gibt, wird die Natur zur Müllkippe: Autowracks und Bauschutt verstecken sich im Umkreis der Großstädte in Wald und Flur.

Viele Strukturprobleme gilt es zu lösen, bis Portugal den europäischen Standard erreicht. Der Ausbau des Straßennetzes ist spürbar fortgeschritten, doch die Bahn bietet nur zwischen Lissabon und Porto eine Schnellverbindung.

Staat und Verwaltung

Die Staatsgrenzen Portugals sind seit fast 800 Jahren unverändert geblieben. Nach nahezu 50 Jahren Diktatur ebnete 1974 die sog. Nelkenrevolution der Demokratie und einer parlamentarischen Regierungsform den Weg. Ministerpräsident ist nach Abwahl der liberal-konservativen Regierung unter Cavaco Silva seit 1995 der Sozialist *António Guterres*. Eine zahlenmäßig kleine Politikerklasse, deren Mitglieder sich in den staatlichen Funktionen abwechseln, beherrscht Portugal seit 25 Jahren.

Zu Portugal gehören die autonom verwalteten Inseln *Madeira* und *Azoren*.

Seit Portugal sich 1975 von seinen letzten „überseeischen Provinzen", wie die Kolonien genannt wurden, in Afrika trennen musste, erfolgte ein Kurswechsel in Richtung Europa, besiegelt durch den Eintritt in die EG 1986. Als letzter Splitter des ehemaligen Kolonialsreichs fiel der Außenposten Macau im südchinesischen Meer 1999 an China zurück.

Der Staat wird zentral von Lissabon aus regiert und verwaltet. Berüchtigt ist die aufgeblähte und ineffiziente Bürokratie, ein Hemmschuh auf dem Weg zur Modernisierung des Landes. Auf dem normalen Amtsweg läuft hier gar nichts, mit Schmiergeldern (fast) alles.

Literaturtipps

Beate Schümann: **Polyglott – Land und Leute Portugal.** Lebendig geschriebene, interessante Texte über die Kultur, das Alltagsleben und die Mentalität der Portugiesen sowie Literaturauszüge.

Fernando Pessoa: **Das Buch der Unruhe** (1982). Literarische Fragmente, die das Wesen der Portugiesen entschlüsseln.

José Saramago: **Hoffnung im Alentejo** (1980). Sozialkritischer Roman über das Schicksal einer Tagelöhnerfamilie von der Jahrhundertwende bis zum Sturz der Diktatur schildert.

Curt Meyer-Clason: **Portugiesische Tagebücher (1969–76).** Essays.

Curt Meyer-Clason (Hrsg.): **Portugiesische Erzählungen des 20. Jahrhunderts.** Anthologie.

Reinhold Schneider: **Portugal. Ein Reisetagebuch.** Lesenswerte Notizen aus den Jahren 1928 bis 1930 und 1956/1957.

Die jüdische Emigration nach Portugal während des Zweiten Weltkriegs behandeln zwei Romane:
Ilse Losa: **Unter fremden Himmeln** (1962). Erich Maria Remarque: **Die Nacht von Lissabon** (1962).

Kunst und Geschichte

Mértolas Kirche war ursprünglich eine Moschee

Kunst in Portugal ist eine Kunst am Wege. Weit stärker als einzelne Kirchen, Paläste und Museen beeindruckt die unzerstörte Einheit architektonischer Ensembles im historischen Kern von Dörfern und Städten. Vielfach im Schatten einer Burg an den Hang gebaut, folgen die Häuserzeilen den Konturen der Landschaft, winden sich Gassen und Treppen mit alter Steinpflasterung bergauf und bergab, unterbrochen von Plätzen mit stattlichen Kirchen, Palästen und Brunnen. So abschreckend oft der Ring moderner Siedlungen um die alten Städte wirkt, so überraschend intakt präsentiert sich fast immer die Altstadt.

Monsaraz ist eines der hübschen Bergstädtchen im Alentejo

Weiß gekalkt sind die Häuser im Süden, häufig mit blauen oder gelben Hauskanten, die böse Geister vertreiben sollen, und Ziegeldächern mit leicht geschweiften Enden. Im Norden prägen grauer Granit und Schiefer viele Ortsbilder. Eine Besonderheit sind die herrschaftlichen Landsitze *(quintas, solares)* mit ihren aufwändigen Gartenanlagen. Die meisten liegen in der Gegend von Lissabon sowie in den Weingegenden des Douro und Minho.

Korkeichen prägen die Landschaft in Südportugal

In ganz Portugal nimmt die Wanddekoration mit *azulejos*, den mehrfarbigen, glasierten Fliesen, im wahrsten Sinne breiten Raum ein. Ob für Kirchen, Küchen oder Bahnhöfe, seit der Einführung durch die Mauren hat sich ihre Fertigung und Verwendung zur wahren Volkskunst entwickelt (s. S. 43).

Römer und Araber

Vergeblich wird man in Portugal nach imposanten Zeugnissen aus mehr als 400 Jahren Römer- und etwa ebenso langer Araberherrschaft suchen. Aus der Römerzeit stammen nur ein paar *Aquädukte*, der *Diana*-Tempel in *Évora* und die Ruinenstadt *Conímbriga*. Die islamisch-maurische Kultur hat nichts hinterlassen, was nur entfernt mit den glanzvollen Relikten in Spanien zu vergleichen wäre. Nur die portugiesische Sprache, vom Vulgärlatein abstammend und mit arabischen Begriffen durchsetzt, kündet noch von der tiefen Prägung durch Römer und Mauren. Das Christentum wurde von den Römern eingeführt und unter der Westgotenherrschaft gefestigt.

Frühes Königtum: Ritter und Romanik

Bald nachdem die Mauren im frühen 8. Jh. die Iberische Halbinsel im Sturm genommen hatten, begann von Norden her die *Reconquista*, die christliche Wiedereroberung. Doch erst 1095 konnte sich die Grafschaft *Portucalia* zwischen Minho und Douro etablieren.

Als der junge Graf *Afonso Henriques* mit einem christlichen Heer die Mauren bis zum Tejo zurückdrängen konnte, schlug die Geburtsstunde des Königreichs Portugal (1139). Mit der Eroberung der letzten maurischen Provinz Algarve (1257) hatte Portugal seine endgültige Ausdehnung erreicht. Der erste König *Afonso Henriques* war burgundischer Abstammung und burgundisch war auch die Abtei Cluny, Schirmherrin des Kreuzzugs gegen die „Ungläubigen“. Kein Wunder, dass der Baustil der Kirchen, die den Weg der Reconquista markieren, den Einfluss der französischen Romanik erkennen lässt. Die frühen Kirchenbauten sind granitene Wehrburgen aus kriegerischen Zeiten. In der schwierigen Zweifronten-Stellung gegen Mauren und Kastilier, in der sich die junge Nation behaupten musste, wurde Portugal zum Burgenland, wovon überall gewaltige Ruinen zeugen. Erst unter König *Dinis* (1279–1325) war die Maurengefahr gebannt, die Unabhängigkeit gegenüber Kastilien durchgesetzt, zumindest vorläufig. Dinis, der erste portugiesische Herrscher, der lesen und schreiben konnte, ermöglichte den Aufschwung des Landes. Er schloss den Handelsvertrag mit England, der den Grundstein zu den besonderen Beziehungen zwischen beiden Staaten bis in jüngste Zeit legte. Bei *Leiria* ließ der weitblickende Monarch den Pinienwald pflanzen, aus dessen Stämmen Generationen später die Karavellen für die Entdeckungsfahrten gezimmert wurden.

Durch Seefahrt zur Weltmacht

Die Etappen der Geschichte sind in drei Klöstern zu Stein geworden: **Alcobaça,** das gewaltige frühgotische Kloster (ab 1178), ist das Denkmal der Staatsgründung, eine Stiftung des ersten Königs *Afonso Henriques* an die Zisterzienser. Mit ihrer Hilfe bezwang er die Mauren in der Schlacht von Santarém 1147 und erhielt er die päpstliche Bestätigung für sein Königtum.

Batalha, das prachtvolle Meisterwerk der portugiesischen Gotik (ab 1388), ist das stolze Triumphmal des entscheidenden Sieges König Joãos I. in der Schlacht bei Aljubarrota gegen die Spanier (1385) um die Unabhängigkeit.

Belém, das manuelinische Kloster (ab 1500) an der Tejo-Mündung bei Lissabon, feiert die Entdeckung des Seewegs nach Indien 1499 durch *Vasco da Gama* und Portugals Aufstieg zur Seemacht.

Diese drei Denkmäler sind die kunstgeschichtlich bedeutendsten Bauten des Landes, einsame Meisterwerke ohne Vorbilder und ohne Folge, so riesenhaft geplant, dass keines je vollendet wurde.

Portugals große Zeit war die Epoche der Entdeckungsreisen über die Ozeane. Zum Pionier der Seefahrt wurde *Heinrich der Seefahrer,* ein Sohn *Joãos I.* Er begründete in Sagres eine nautische Schule. Dort versammelte er Spezialisten aus ganz Europa, um mit portugiesischen Schiffen generalstabsmäßig unbekannte Küsten zu erforschen. Zunächst ging es etappenweise entlang der afrikanischen Küste nach Süden, dann um die Südspitze Afrikas (1487/88) und nach Indien (Vasco da Gama 1498), nach Westen bis Brasilien (1500) und schließlich rund um die Welt (Magellan 1519/20).

Auf dem Höhepunkt der Entwicklung regierte *Manuel I.*, „O Venturoso" (der Glückliche; 1495–1521), der sich König von Portugal, „Herr von Guinea, Herr der Schifffahrt, der Eroberungen und Herr von Äthiopien, Arabien, Persien und Indien" nannte. Zu seinem Herrschaftszeichen erwählte er ein nautisches Gerät, die Armillarsphäre; die von den Wendekreisen und Gestirnbahnen umgürtete Kugel wurde Symbol des weltumspannenden Imperiums.

Die Epoche Manuels war eine Zeit der Erfolge auf allen Gebieten. Sogar die Ernten sollen damals die besten seit Menschengedenken gewesen sein.

Der Kreuzgang in Batalha – manuelinisches Ornamentgitter

Manuelinische Steinmetzkunst an der Klosterkirche von Belém

Seefahrt in Stein verklärt

Ihren ureigensten Ausdruck fand die Entdeckerzeit in einer höchst originellen Bauplastik, die man nach dem regierenden Herrscher als *Manuelinik* bezeichnet. In der Fantastik dieses Ornamentstils, der das gotische Maßwerk in verschlungene und verknotete Schiffstaue, in Anker, Korallen und Muscheln, in Halme, Lotosknospen und orientalischen Zierrat verwandelt, spiegelt sich der Zauber der Meere und die Exotik ferner Länder. Beliebte Motive sind auch die Insignien der Seefahrt, die Armillarsphäre und das Kreuz des Christusritter-Ordens, das die Segel der Karavellen schmückte. Kloster und Turm von *Belém,* die Capelas Imperfeitas und der Kreuzgang von *Batalha* sowie der Kapitelsaal und sein Fenster im Burgkloster der Christusritter in *Tomar* sind die überragenden Hauptwerke des manuelinischen Stils. Seine führenden Künstler waren *Diogo Boytac,* ein gebürtiger Franzose, *João de Castilho* und sein Bruder *Diogo* sowie *Francisco de Arruda.* Die hervorragende Figurenplastik von *Nicolas de Chanterène* und *Jean de Rouen* lehnt sich mehr an die französische Stilentwicklung von der Spätgotik zur Renaissance an.

Blühendes Lissabon

Lissabon übertraf in seiner Pracht alle europäischen Metropolen des 16. Jhs. 2000 Schiffe fuhren jährlich die Tejo-Mündung hinauf, beladen mit Juwelen, Gewürzen, Seiden und schwarzen Sklaven. Ein Fünftel des Gewinns gehörte dem König. Die Künste blühten. Am Hof Manuels, der gelehrte Gespräche bei schöner Musik liebte, wirkte Portugals erster großer Dicher und Schöpfer der modernen Komödie, *Gil Vicente*.

Niedergang und spanische Herrschaft

Portugal konnte sein Glück nicht festhalten. So absurd es klingen mag, der neue Reichtum ließ das Land verarmen. Zu groß war die Abwanderung von Menschen in die Kolonien bei einer Bevölkerung von nur einer Million. Die Felder, die niemand mehr bestellte, verödeten. Die im Überfluss gelieferten Güter aus Übersee erstickten jede produktive Tätigkeit. Die Reichtümer wurden von König und Adel verprasst, niemand investierte im Land. Unter *João III.* musste man sich zur Finanzierung der kolonialen Unternehmungen bei ausländischen Banken verschulden, die Zinsen mit einem erheblichen Teil der Importe bezahlen. Die Ausweisung der Juden und Einführung der Inquisition 1536 dezimierte den aktiven bürgerlichen Mittelstand. Mit der Ankunft der Jesuiten begannen die Massen-Autodafés. Unterdrückung, Dürre, Hungersnot und Pest peinigten das Land. Die Armut auf dem Lande war so groß, dass viele nach Brasilien auswanderten.

Der unglückselige Marokko-Kreuzzug des jungen Königs *Sebastião*, der unter dem Eindruck antiquierter Ritterideale 1578 gegen die Mauren zog und vernichtend geschlagen wurde, setzte der portugiesischen Herrlichkeit ein jähes Ende. Nur 60 der 18 000 Soldaten kehrten zurück. Sebastião, der letzte kinderlose Spross des Königshauses, blieb verschollen. *Philipp II.* von Spanien nutzte die Gunst der Stunde und übernahm 1580 die Macht. Im selben Jahr starb in Lissabon an der Pest der größte Dichter des Landes, *Luis de Camões*, der mit den „Lusiaden“ das Nationalepos der Entdeckerzeit geschaffen hatte.

60 Jahre lang (1580–1640) blieb Portugal spanisch. Das Land hatte nicht nur die Schmach der Besatzung, sondern auch den Verlust wichtiger Kolonien und Handelsrouten an Holländer und Engländer zu verschmerzen. Der verschollene Sebastião wurde zum „O Desejado“ (der Ersehnte) verklärt, an dessen Wiederkehr man die Hoffnung auf den Wiederaufstieg Portugals knüpfte. Der *Sebastianismo*, der bis ins 19. Jh. seine Verkünder hatte, gilt als typisch portugiesischer Auswuchs irrealen Wunschdenkens.

Unter spanischer Herrschaft verbreitete sich der Jesuitenstil in der Kirchenarchitektur. Er ist insbesondere mit dem Hofbaumeister *Felipe Terzi* aus Italien verbunden, Erbauer der Kirche *São Vicente de Fora* in Lissabon (s. S. 30).

Der manuelinische Überschwang war nach Manuels Tod einer strengen Renaissance italienischer Prägung gewichen. Nicht mehr das Ornament herrschte, sondern nackte Formengeometrie. Der wuchernde manuelinische Dekorationsstil der Entdeckerzeit stellt im Vergleich mit den übrigen Epochen der portugiesischen Architekturgeschichte ohnehin eine Ausnahmeerscheinung dar. Charakteristisch ist die Vorliebe für perfekt geometrische Formen, für Klarheit, Proportion und Einfachheit der Konturen. Schmuck beschränkt sich auf die Wandverkleidung mit Azulejos.

Abgesang – Pracht und Verschwendung

Mit Unterstützung Englands, das sich dafür u. a. mit Tanger und Bombay belohnen ließ, wurde die Eigenstaatlichkeit unter der dritten Dynastie der Braganças 1640 zurückgewonnen. In das ruinierte Land strömten ab Ende des 17. Jhs. neue Schätze aus Übersee. Gold und Diamanten aus Brasilien verhalfen dem König zu märchenhaftem Reichtum. Er verführte *João V.*, den portugiesischen Sonnenkönig, zu maßloser Verschwendung. Zum Symbol des königlichen Größenwahns wurde das gigantische Klosterschloss *Mafra*, das den spanischen Escorial übertreffen sollte und an dem ein Heer von 50 000 Werkleuten schuftete. Künstler und Architekten wurden aus Deutschland, Italien und Frankreich berufen. Mafras leitende Baumeister waren der aus Regensburg stammende *Johann Friedrich Ludwig* und sein Sohn *Peter*, der sich *Ludovice* nannte. In Porto hatte der Italiener *Niccolò Nasoni* bei den wichtigsten Bauten die Federführung.

Die Revolution der Nelken stürzte 1974 das Regime Salazár

Vasco da Gama

Eckdaten der Geschichte

Ab 218 v. Chr. Die Römer unterwerfen das Land; 133 v. Chr. wird Lusitanien römische Provinz.

5.–7. Jh. Sueben und Westgoten regieren die Iberische Halbinsel.

Ab 711 erobern die Mauren Iberien.

1095 Gründung der christlichen Grafschaft Portucalia zwischen Douro und Minho.

1139 „Geburtsstunde" Portugals. Nach dem Sieg über die Mauren bei Ourique lässt sich der Graf von Portucalia, Afonso Henriques, zum König ausrufen.

1257 werden die Mauren aus der Algarve vertrieben.

1385 Verteidigung der Unabhängigkeit gegen die Spanier in der Schlacht von Aljubarrota.

1498 „Goldenes Zeitalter" der Entdeckungen.

1580–1640 Spanisches Intermezzo.

1755 Großes Erdbeben von Lissabon.

1807–1822 Invasion und Plünderung durch napoleonische Truppen (bis 1810). Befreiung und Besetzung des Landes durch die Engländer.

1910 Ausrufung der Republik.

1926–1974 Diktatorische Regimes von Antonio Salazar (bis 1968) und Marcelo Caetano.

1974 Nelkenrevolution und Demokratisierung des Landes.

1986 EG-Beitritt.

1999 Wiederwahl von Ministerpräsident A. Guterres (im Amt seit 1995).

Unter den Braganças hielt der Barock Einzug in Portugal. Es entstanden prunkvolle Kirchen und Herrenhäuser mit geschweiften Giebeln und Turmhauben, weißblaue Azulejo-Gemälde und *talha dourada,* von Ornamenten überkrustete und dick vergoldete Schnitzaltäre und Kapellenwände (u. a. *São Francisco* in Porto, *Jesús*-Kloster in Aveiro, *Sto. António* in Lagos). Großen Einfluss übte der portugiesische Barock auf Brasilien aus. Mit der maroden Wirtschaft ging es weiter bergab. 1703 wurde der berüchtigte Methuen-Vertrag mit England geschlossen, ein Handelsabkommen, das einseitig den Engländern zugute kam und zur Stagnation in Portugal führte.

Am Morgen des Allerheiligentags 1755 erschütterte das schrecklichste Erdbeben Lissabon und richtete Verwüstungen bis weit im Alentejo und an der Algarve-Küste an. In den auf die Erdstöße folgenden Flutwellen und Feuersbrünsten wurde der größte Teil der Stadt vernichtet, darunter 300 Paläste, 110 Kirchen und der Königspalast. Mindestens 20 000 Menschen fanden den Tod. Der Mann der Stunde war der zum *Marquês de Pombal* geadelte Minister *José de Carvalho,* ein Tatmensch von schier unbegrenzter Energie. Ihm allein war der schnelle Wiederaufbau zu verdanken, dessen Wahrzeichen die *Baixa Pombalina,* die Unterstadt von Lissabon, wurde. Gleichzeitig begann Pombal mit einer rigorosen Reform des Staatswesens, die bei seiner Absetzung 1777 nur teilweise verwirklicht war: Steuergerechtigkeit, Vertreibung der Jesuiten, Ankurbelung der Wirtschaft.

Ende der Monarchie, Diktatur und Revolution

Das 19. Jh. begann mit einer Katastrophe, der Okkupation und Plünderung durch napoleonische Truppen. Was das Erdbeben verschont hatte, zerstörten nun die Franzosen. Die Königsfamilie flüchtete nach Brasilien und kam erst 1821 wieder zurück. Bis dahin war Portugal praktisch englisches Protektorat. Politische Turbulenzen und bürgerkriegsähnliche Zustände beherrschten das erschöpfte Land über das Ende der Monarchie im Jahre 1910 hinaus. Von 1910 bis 1926 wechselten sich 44 Regierungen ab.

Der als Wirtschaftsminister 1926 berufene António Salazar etablierte ab 1932 eine faschistisch-diktatorische Verfassung, den „Estado Novo“. Sein Regime, das über fast ein halbes Jahrhundert Portugals Rückschrittlichkeit zementierte und das Land durch den blutigen Kolonialkrieg in Moçambique und Angola in Armut versinken ließ, wurde erst 1974 durch einen Militärputsch, die sog. *Nelkenrevolution,* beseitigt. Seither hat Portugal eine demokratische Regierung. Mit der Aufnahme in die EG 1986 wurde die neue Orientierung nach Westeuropa besiegelt.

Die *Architektur des 19. und 20. Jhs.* zeigt die unterschiedlichsten Moden. Man wechselte zwischen französischen und italienischen Vorbildern und bizarren neo-manuelinischen Formen. In der Salazar-Zeit gab es Einflüsse von Art déco, internationaler Moderne sowie faschistischer Staats- und Heimatarchitektur. Malerei und Bildhauerei waren international unbedeutend. Dafür wurde im 19./20. Jh. der Azulejo-Dekor zur Volkskunst (s. S. 43).

Neuere Literatur

Unter dem Einfluss Flauberts stand *die* literarische Persönlichkeit des 19. Jhs.: *Eça de Queiroz.* Der große Poet der Melancholie in der ersten Hälfte des 20. Jhs., *Fernando Pessoa,* wurde erst seit der Nelkenrevolution außerhalb des Landes entdeckt. Zeitgenössische Schriftsteller, deren Werke auch ins Deutsche übersetzt wurden, sind u. a. *José Saramago* (Nobelpreis 1998), *Lobo Antunes, Miguel Torga, José Cardoso Pires, Agustina Bessa Luis* und *Lídia Jorge.*

Aus Küche und Keller

Die portugiesische Küche – das ist einfache, bäuerlich-deftige Hausmannskost auf der Grundlage von Fisch, Fleisch und Kohl. Zu den Nationalgerichten zählen *caldo verde*, eine sämige Kartoffel-Kohlsuppe, und *bacalhau*, Stockfisch (getrockneter und gesalzener Kabeljau). Er wird heute aus Norwegen importiert.

Fisch

Besonders lecker: über der Holzofenglut Geschmortes

Frischer Fisch, wird gekocht oder über Holzkohle gegrillt. Letzteres gilt insbesondere für *sardinhas* (Sardinen), *carapaus* (kleine Makrelen) und *lulas* (kleine Sepien). Der allerfeinste Atlantikfisch, der an der Küste serviert wird, ist der *robalo* (Wolfsbarsch). Sehr gut sind *pargo, sargo, tamboril* (Seeteufel) und *peixe espada*. Im Norden gibt es auch Flussfische: *truta* (Forelle), *lampreia* (Neunauge). Eine breiartige Konsistenz hat die Fischsuppe *caldeirada*.

Fleisch

Standardgerichte sind *bife* und *fevras*, Koteletts und Schnitzel vom Rind oder Schwein. Delikater schmecken *borrego* (Lamm) und *cabrito* (Zicklein), meist im Ofen geschmort. Auch bei *frango* (Hähnchen) und *leitão* (Spanferkel) erweist sich, wie aromatisch Fleisch sein kann, wenn es nicht aus Massentierhaltung stammt.

Fliesenkunst ist Volkskunst

Beilagen

Bei den Gemüsen darf man keine hohen Ansprüche hinsichtlich der Zubereitung stellen. Außer Kartoffeln und/

oder Reis werden Karotten, Blumenkohl und Stangenbohnen, gekocht und mit Butter übergossen, aufgetischt.

Nachtisch

Portugiesen lieben Süßes *(doces)*. Aus Klosterbäckereien stammen Spezialitäten mit fantasievollen Namen wie Himmelsspeck, Nonnenbäckchen oder Engelskröpfe. Allen gemeinsam ist die Zubereitung aus viel Zucker und Eigelb, geschmacklich variiert mit Kokos, Marzipan, Mandeln und Zimt. Sehr lecker ist *bolo de amêndoa*, Mandelkuchen mit saurer Sahne. Die Käseauswahl ist nicht groß. Den viel gerühmten *queixo da serra* ersetzt meist der fade *tipo serra*. Ganz zum Schluss gibt es einen *cafezinho* (Espresso), in Lissabon *bica* genannt, und ein Schnäpschen: *Bagaceira* oder *Aguardente*.

Essenszeiten

Was den Spaniern die Siesta, ist den Portugiesen die *hora do almoço*. Von 12 bis 15 Uhr sind in den Städten die Gaststätten bis auf den letzten Platz besetzt. Mittags werden überall günstige Tagesgerichte, *pratos do dia*, angeboten. Anders als in Spanien isst man in Portugal abends schon ab 19/20 Uhr.

Schätze der Keller: Weine

Ein Grund, nach Portugal zu reisen, sind die Weine. Ob rot oder weiß, einfacher *vinho da casa* oder edle *reserva*, ob spritziger *vinho verde* oder schwerer *Portwein*, sie munden alle und sind nicht teuer. Die bekanntesten Gebiete kontrollierten Anbaus sind *Bairrada, Colares, Dão, Douro, Setúbal, Vinho Verde*. Auch aus dem Alentejo kommen gute Weine, z. B. *Borba* und *Reguengos*. Einer der renommiertesten Weinerzeuger ist *Fonseca* in Azeitão (s. S. 66). Alle Weine tragen Herkunftszertifikate und werden in gesetzlich abgegrenzten Gebieten angebaut. Ihre Herstellung unterliegt der Qualitätskontrolle durch Winzerkomitees: von der Sichtung der Rebstöcke bis zur Etikettierung.

Portwein – Weinalchimie mit langer Tradition

Ein Markenzeichen Portugals ist der *Vinho do Porto*, ein (meist) roter oder weißer Dessertwein mit 20 % Alkoholgehalt. Sein Anbaugebiet, schon seit dem 18. Jh. gesetzlich begrenzt, sind die terrassierten Hänge des Dourotals zwischen Peso da Régua und der spanischen Grenze. In der geologischen Besonderheit liegt das Geheimnis: Die Schieferschichten halten Feuchtigkeit und strahlen in kalten Nächten die tagsüber gespeicherte Wärme ab. 40 Rebsorten sind auf 25 000 ha für die kontrollierte Portweinherstellung zugelassen. Nach EU-Norm sollen es bald nur mehr 10 sein.

Die Gärung der Trauben wird durch Zugabe von Weingeist unterbrochen. Daraus resultieren der hohe Alkoholgehalt und die Haltbarkeit. Dann folgen der Transport in die Lodges von Vila Nova de Gaia (s. S. 50) und eine langjährige Reifezeit im Fass. Viele Markennamen sind englisch – *Cockburn, Forrester, Offley* –, denn seit dem Methuen-Vertrag von 1703 waren Herstellung und Handel in englischer Hand.

Die meisten Ports sind im Fass gealterte *Blends*, also Verschnitte verschiedener Sorten und Jahrgänge, eine kunstvolle Weinalchimie mit langer Tradition. Nach der Farbe heißt ein relativ junger und preiswerter Port *Ruby* (rot), alter, am besten mindestens 20 Jahre gereifter Port *Tawny* (gelbbraun). Vorsicht: Billiger Tawny wird aus roten und weißen Trauben gemischt. Jahrgangswein, der *Vintage Port*, stammt aus einer einzigen Ernte. Er reift nicht im Fass, sondern in der Flasche.

Unterkunft

Portugal bietet Unterkünfte für jeden Geschmack und Geldbeutel. **Hotels** internationalen Standards finden sich in großer Zahl in Lissabon und in den Tourismusregionen an der Küste und werden nach Ausstattung und Service mit einem Stern (einfach) bis zu fünf Sternen (Spitzenklasse) klassifiziert. Für Kinder bis zu 6 Jahren, die im Zimmer der Eltern übernachten, bezahlt man i. A. nichts, für Kinder bis zu 12 Jahren 50 %. In den Ferienkomplexen an der Küste gibt es **Apartmentanlagen** sämtlicher Kategorien. Das **Preisniveau** der Unterkünfte ist Mitteleuropa vergleichbar. Von November bis Ende März sind die Preise oft bis zu 20 % ermäßigt.

Einfachere Pensionen heißen **Pensão** (oft mit Verpflegung) oder **Residencial** (nur Frühstück); **Albergaría** nennt sich eine gehobenere Hotelpension, **Estalagem** ein anspruchsvolleres Gästehaus, meist außerhalb von Ortschaften.

Die staatlichen **Pousadas** (z. Zt. 45; mittlere bis gehobene Preisklasse) liegen an landschaftlich schönen und geschichtlich bedeutenden Orten, oft in alten Burgen und Klöstern (Maximalaufenthalt 3 Nächte). Reservierung ist unbedingt erforderlich. Das Verzeichnis verschicken die Touristikämter (s. S. 93).

Reservierung: ☎ (00 351) 21 848 1221, Fax 21 840 5846, http://www.pousadas.pt.
Oder bei: **Interface International,** Petersburger Str. 94, 10247 Berlin, Tel. (030) 42 25 62 85, Fax 42 25 26 86.

Eine Alternative ist der **Turismo de Habitação (TH),** d. h. Übernachten in privaten Herrensitzen auf dem Land, manchmal auch in Stadtpalästen (Mindestaufenthalt 3 Nächte). Varianten sind der **Turismo Rural (TR)** in einfa-

Sardinen werden zum Trocknen auf Gitternetzen ausgelegt

Aus den Kellereien von Colares kommen herrliche Rotweine

Pousadas vereinen stilvolles Ambiente mit modernem Komfort

cheren Landhäusern und der **Agroturismo (AT)** auf landwirtschaftlichen Gütern. (Die Unterkünfte werden bei den Ortsbeschreibungen mit den Abkürzungen gekennzeichnet.) Ein Verzeichnis verschickt das Touristikamt. Buchung in Portugal:

PRIVETUR, Lgo. das Pereiras, 4990 Ponte de Lima, ☎ 🖷 258 74 1493, sowie **TURIHAB,** Pr. da República, 4990 Ponte de Lima, ☎ 258 74 1672, 🖷 258 74 1444, für Nordportugal. **ANTER,** Rua 24 de Julho 1, 7000 Évora, ☎ 266 74 4555, für den Süden.

Zimmer und Wohnungen bei sonstigen **Privatvermietern** vermittelt das jeweilige *Turismo-Büro* am Ort oder in Deutschland der Spezialveranstalter *Olimar* (s. S. 93), der u. a. Pousadas und Unterkünfte von TURIHAB anbietet.

Campingplätze gibt es entlang der Küste und bei den Städten, insgesamt etwa 100, die besten von *Orbitur*. Campingführer *(roteiro campista)* verkaufen Buchhandlungen. Zuverlässig ist der ADAC-Campingführer.

Jugendherbergen: derzeit 18 Häuser. Reservierung im Juli/August nötig.

Deutscher Hauptverband für Jugendherbergen, Postfach 1455, 32754 Detmold, ☎ (0 52 31) 7 40 10.

Sportliche Aktivitäten

Portugal hat außergewöhnlich schöne Golfplätze an der Algarveküste und bei Lissabon. In den Gebirgen (Naturparks) bieten sich viele Wandermöglichkeiten. Die Flüsse im Norden sind ein ideales Revier für Angler und Kanufahrer. Bei Unterkünften des Turismo de Habitação werden oft Sportmöglichkeiten wie Tennis, Reiten, Angeln, Jagen angeboten. Hinweise auf besondere Aktivitäten bei den Ortsbeschreibungen.

Reisewege und Verkehrsmittel

Anreise

Mit dem Flugzeug: Lufthansa, TAP und Portugália fliegen von mehreren deutschen Städten direkt nach Lissabon. Die meisten Charterflüge haben Faro als Ziel. Von Wien nach Lissabon fliegen TAP und Austrian Airlines, Swissair und TAP ab Zürich und Genf nach Lissabon und Porto, TAP zudem von Basel nach Lissabon.

Mit dem Auto: Die wichtigsten Grenzübergänge sind Valença do Minho im Norden, Vilar Formoso in Mittelportugal und Caia (Elvas) im Süden. Achtung: Die grüne Versicherungskarte ist in Portugal Pflicht. Im Sommer gibt es Autoreisezüge (frühzeitig reservieren!) von verschiedenen deutschen Städten bis Narbonne in Südfrankreich bzw. von Paris bis Madrid.

Reisen in Portugal

Flug: Die wichtigsten Flugverbindungen innerhalb Portugals sind die von Lissabon aus nach Porto, Faro.

Auto: Mietwagen sind günstiger, wenn man sie im Voraus über Fly & Drive-Arrangements bucht. Achtung: Portugiesische Autofahrer sind unberechenbar. In der Unfallstatistik liegt Portugal auf Platz eins in Europa. *Benzin* ist etwa so teuer wie in Deutschland. Bleifreies Benzin heißt *gasolina sem chumbo*. Vorgeschriebene Höchstgeschwindigkeiten sind 60 km/h in Ortschaften, 120 km/h auf der Autobahn, 100 km/h auf Landstraßen und 90 km/h auf Nebenstraßen.

Tipp Da die Nebenstraßen noch immer relativ schlecht (Schlaglöcher), schmal und unübersichtlich sind, kann eine Strecke von 200 km zu einem nur mühsam zu bewältigenden Tagespensum werden.

i Bei **Pannen:** Notruf 112. Mobile Hilfe bietet der portugiesische **Automobilclub ACP** (Auto Clube Portugal): Lissabon, ☎ 21 942 5095 für Unfälle/Pannen südlich von Coimbra; Porto, ☎ 22 830 1133 für Unfälle/ Pannen nördlich von Coimbra.

Außer der Autobahn Setúbal–Lissabon–Porto–Braga (gebührenpflichtig) und der Algarve-Autobahn von Albufeira bis zur spanischen Grenze wurden Schnellstraßen ausgebaut, z. B. von Coimbra nach Viseu (IP 3), von Porto nach Bragança (IP 4), von Guarda bis Albergaria (IP 5, Anschluss A1 Lissabon–Porto).

Tipp Am zuverlässigsten sind die **Straßenkarten** von Michelin.

Bahn: Moderne Expresszüge *(Rápidos)* verkehren zwischen Lissabon und Porto (reservierungspflichtig), Schnellzüge zwischen Lissabon und der Algarve-Küste.

Auf den übrigen Bahnstrecken fahren nur Bummelzüge, mit Zielen im ländlichen Hinterland. Auf solchen Routen lassen sich unvergessliche Eindrücke sammeln, u. a. auf der Küstenlinie von Viana do Castelo nach Caminha, auf der Douro-Linie von Porto nach Peso da Régua, auf der Tua-Linie bis Mirandela.

Fahrkarten müssen stets vor der Fahrt gelöst werden. Bei mehrfacher Bahnbenutzung ist eine Touristenkarte *(bilhete turistico)* für 7, 14 oder 21 Tage empfehlenswert.

i Auskunft über Fahrpläne und Tarife: FAX 21 347 6524; im Internet: www.cp.pt

Bus: Ein dichtes Busnetz verbindet die meisten Orte. Die größte Gesellschaft ist die staatliche *Rodoviária Nacional* (RN). Auf den Hauptstrecken gibt es Schnellbusse *(Expressos)*.

Die Pousada in Évora ist eine der schönsten Portugals

Manche Quintas und Bürgerhäuser wurden zu netten Pensionen

Bahnfahren in Portugal: schnelles Reisen nur auf den Hauptstrecken

*** Lissabon

In der weißen Stadt

Seite 31

Berühmt ist Lissabons Lage am Flussufer, dort, wo sich die mächtige Bucht des Tejo, das glitzernde Mar de Palha (Strohmeer), wieder verengt, um bald darauf in den Ozean zu münden. Portugals Kapitale ist schon von der Topografie her eine Stadt mit vielen Gesichtern. Über mehrere Kilometer am Ufer entlang breitet sich das Häusermeer über steile Hügel und tiefe Täler. Am besten genießt man das Hügelpanorama der Cidade Branca, der Weißen Stadt – deren Farbe eigentlich ein mattes Pastell ist, aufgeheitert durch einige Farbtupfer -, bei Abendlicht auf einer Fährfahrt ans andere Ufer zu den Fischlokalen von Cacilhas.

Zwischen das verwinkelte mittelalterliche Gassenlabyrinth der *Alfama* am Burghügel und das hoch über einem Steilhang liegende *Bairro Alto* schiebt sich das flache Tal des Stadtzentrums, der *Cidade Baixa*, mit ihrem übersichtlichen geometrischen Raster. Dahinter steigt die riesige, gerade Schneise der *Avenida da Liberdade* wie eine grüne Rollbahn hügelan. Straßenbahn-Oldies, die *Eléctricos*, kurven quietschend über achterbahnreife Strecken. Standseilbahnen und ein einzigartiger Aufzug aus Eisenfiligran überwinden die steilsten Hänge in dieser bergigsten Hafenstadt der Welt. Immer wieder eröffnen sich überraschende Ausblicke auf den Fluss und die Stadt. Die zahlreichen Aussichtsterrassen, *miradouros*, sind eine Spezialität Lissabons.

Auch sonst bietet ein Rundgang die unterschiedlichsten Aspekte. Wenige Meter abseits vom Brausen des Großstadtverkehrs führen steile Treppen in verträumte Winkel, wo Kanarienvögel singen. Idyllische Parks mit exotischen Pflanzen und spiegelnden Teichen lassen die lärmende Enge des Straßenlabyrinths vergessen. Zwischen dem hoch aufragenden Wahrzeichen der neuen Zeit, den gigantischen postmodernen Türmen des Shopping-Centers *Amoreiras*, und kleinen Altstadthäuschen im Puppenstuben-Format gibt es Architektur in allen Größen und Stilarten. Lissabon lebt im Widerspruch von wehmütiger Dekadenz und Fortschrittsmythen. Alle Sinne sind gefordert, um die dichte Szenerie der Straßen mit ihrer verwirrenden Vielfalt von Läden und Kneipen, Geräuschen und Gerüchen aufzunehmen.

Geschichte

Seit ältesten Zeiten war der große Naturhafen ein Stützpunkt der Handelsschifffahrt. Auf die Phönizier, die den Ort *Alis-Ubbo* (liebliche Bucht) nannten, führt Lissabon seinen Namen zurück. Dann kamen Griechen und Römer, denen *Olisipo* als eine Gründung des Odysseus galt. Die Römer beherrschten die Stadt, die Julius Cäsar in *Felicitas Julia* umtaufte, mehr als 300 Jahre, bis sie auch hier von den Germanenvölkern vertrieben wurden. 715 entrissen die Araber den Westgoten die Festung und bauten *Lischbuna*, in dem sie sich für 400 Jahre einrichten sollten, zur ummauerten Stadt aus.

1147 wurde Lissabon vom ersten portugiesischen König *Afonso Henriques* erobert und 100 Jahre später Hauptstadt des Landes. Die Blütezeit begann Ende des 15. Jhs., als die Portugiesen in der Folge ihrer Entdeckungsreisen über die Weltmeere das erste Kolonialreich Europas schufen. Unter der Regierung Manuels I. (1495-1521) löschten jährlich 2000 Schiffe die kostbarsten Waren aus Afrika, Indien und Südamerika an den Docks des Tejo. Lissabon wurde zur reichsten Stadt Europas.

In den verwinkelten Gassen der Alfama geht das Leben einen geruhsamen Gang

Seite 31

Pombal und Napoleon

Von der Pracht und Herrlichkeit aus großen Tagen blieb kaum ein Stein. Das furchtbarste Erdbeben, das je eine europäische Großstadt traf, zerstörte am Allerheiligentag des Jahres 1755 den Großteil Lissabons und tötete etwa 40 000 Bewohner. Das unbegreifliche Ereignis erschütterte ganz Europa und regte Dichter und Denker, von Voltaire bis Kant, zu Kommentaren an. Ein glücklicher Zufall allerdings bescherte Portugal zu dieser Zeit einen der fähigsten Staatsmänner, den es je hatte, den *Marquês de Pombal.* Er setzte den raschen Wiederaufbau Lissabons nach der Katastrophe durch. Sein bleibendes Denkmal ist die *Cidade Baixa.*

Weitere Zerstörungen verursachten die napoleonischen Invasionen und die Aufhebung religiöser Orden 1834, durch die 65 Klöster zweckentfremdet oder dem Verfall preisgegeben wurden. Ab Mitte des 19. Jhs. wurde Lissabon in großem Stil und nach neuen Vorstellungen von Stadtbaukunst verschönert und erweitert. Zunächst wurde eine spektakuläre Achse nach Norden gebaut, die *Avenida da Liberdade*, die durch die geraden Schneisen der *Avenidas Novas* ergänzt wurde. Parks und kulturelle Einrichtungen wie Theater und Bibliotheken waren Indizien für den Beginn des bürgerlichen Zeitalters.

Diktatur

Große Bemühungen zur Stadtplanung unternahm der Salazar-Staat in den 30er und 40er Jahren des 20. Jhs., u. a. im Umkreis der *Avenidas Novas:* Öffentliche Bauten, Plätze und ein ganzes neues Stadtviertel (Alvalade) entstanden. Den vorherrschenden Baustil des *Estado Novo* Salazars kann man als verspätetes Art déco mit faschistischen Zügen charakterisieren. Ein Stadtentwicklungsplan sah auch den Ausbau eines modernen Verkehrsnetzes vor, für das ein Drittel des privaten Grundbesitzes enteignet wurde. Der *Monsanto*-Hügel im Westen der Stadt wurde aufgeforstet und zur grünen Lunge der Großstadt. Ein Verdienst Salazars war der soziale Wohnungsbau. Das imposanteste Bauwerk aus jener Zeit ist die 1966 eingeweihte Hängebrücke über den Tejo, nach der Nelkenrevolution *Ponte de 25 de Abril* genannt.

Neuere Stadtentwicklung

Von Stadtplanung war über Jahrzehnte hin wenig zu bemerken. Ungehemmte Bauspekulation führte zur planlosen Zersiedlung des Umlands. In der Innenstadt zeigen die Sanierungsmaßnahmen der Altbausubstanz heute allerdings Wirkung. Zugleich existieren noch mehrere *bairros da lata* (Blechviertel) – Slums, in denen Zehntausende leben. Innerhalb der Stadtgrenzen wohnen gegenwärtig rund 680 000 Menschen. Die Einwohnerzahl des bis Setúbal reichenden Großraums beträgt ca. 2,5 Millionen.

Stadtbesichtigung

Lissabon erkundet man am besten zu Fuß. Wegen der starken Steigung vieler Straßen, die mit glatten Kalksteinwürfeln gepflastert sind, empfiehlt sich rutschfestes Schuhwerk. Der beste Stadtplan ist in der Hügelstadt oft wenig hilfreich, da die Höhenunterschiede die Distanzen auf der Karte verzerren. In Lissabon ist es interessanter, sich treiben zu lassen und das Mosaik des Stadtlebens auf Spaziergängen zu beobachten. Hier gilt das Shakespeare-Wort: Wenn man nicht weiß, wohin man will, kommt man am weitesten.

Rund um den Rossio

Der **Rossio** ❶ ist zentraler Ausgangsort für Stadterkundungen. Das von Cafëstühlen gesäumte und vom Verkehr umbrandete Herz der Stadt war einst Schauplatz für öffentliche Ketzerverbrennungen und Stierkämpfe. In der Mitte stehen zwei Springbrunnen, Blumenstände und die Statue König Pedros IV., nach dem der Platz offiziell *Praça Dom Pedro IV* heißt.

Das stilvolle Art-déco-Café **Nicola** und das volkstümliche Konditorei-Café **Pastelaria Suiça** gegenüber sind ideale Beobachtungsposten für das geschäftige Treiben auf dem Rossio.

Neben dem Café Nicola sollte man einen Blick in den handtuchschmalen Zeitungs- und Tabakstand der **Tabacaria Monaco** mit Originalaustattung von 1894 werfen.

An der Stelle des klassizistischen *Teatro Nacional Dona Maria II* an der Nordseite des Rossio lag früher der Inquisitionspalast. Das dekorative Mosaik aus weißen Kalk- und schwarzen Basaltwürfeln, das Gehsteige und Plätze der Innenstadt in vielen Variationen ziert, ist dem Schweiß von Häftlingen zu verdanken, die zum Pflasterklopfen kommandiert wurden.

** Baixa

Die Unterstadt in der Talsenke, Ergebnis des Wiederaufbaus unter Marquês de Pombal nach dem großen Erdbeben von 1755, steht in ihrer rigorosen Rasterordnung in Kontrast zu dem übrigen mäandernden Straßengefüge. Nirgendwo sonst herrscht in der Innenstadt so uneingeschränkt der rechte Winkel. Als fortschrittlicher Politiker ließ Pombal hier keine Paläste und Kirchen, sondern Bürgerhäuser mit Ladenlokalen für Juweliere, Tuch- und Lederwarenhändler errichten, von denen noch die Straßennamen zeugen. Auch heute ist die Baixa als Banken- und Einkaufsviertel ein Zentrum des Kommerzes.

Tipp Nostalgisches liegt am Wege: in der **Rua dos Sapateiros** gleich beim Rossio der *Animatógrafo do Rossio* von 1907 mit schnörkeliger Jugendstil-Fassade, das älteste Kino der Stadt; in derselben Straße (Nr. 155) und aus derselben Zeit stammt das stuckierte Café *Leitaria A Camponesa*.

Lissabons Herz schlägt am Rossio

Kachelbilder erzählen die Geschichte so mancher Häuser

Shopping in der Baixa

Seite 31

Mehrere Restaurants bieten in der **Rua dos Correeiros** mittags preiswerte *pratos do dia.*

Tipp Unter dem Banco Português ist Dienstag und Samstag der römische Untergrund zu besichtigen (Rua dos Correeiros 9).

Seite 31

Parallel zur Fußgängerzone und Einkaufsmeile, der zentralen **Rua Augusta,** verlaufen die einstigen Straßen der Gold- und Silberschmiede, die **Rua do Ouro** und die **Rua da Prata.**

Am Ende der Querstraße Rua Santa Justa steht der gotisierende Gitterturm des Aufzugs **Elevador de Santa Justa,** der in das Carmo-Viertel hinauffährt (s. S. 33).

Die Rua Augusta endet in einem Triumphbogen, durch den man auf die **Praça do Comércio ❷** gelangt, ein weites, von Arkaden umstandenes Geviert, das sich in einer Freitreppe zum Fluss hin öffnet. Hier befand sich vor dem Erdbeben der von König Manuel erbaute Königspalast, weshalb der Platz noch heute *Terreiro do Paço* (Palastplatz) genannt wird. In der Mitte steht auf hohem Sockel das barocke Reiterbild des reformfreudigen Königs José I., Pombals Auftraggeber. Das lange als Parkplatz missbrauchte Vestibül der Stadt, das Lissabons schicksalhafte Verbundenheit mit dem Ozean demonstriert, darf seit 1998 wieder als Freifläche wirken.

Unter den Arkaden in der Nordostecke der Praça do Comércio (Nr. 3) verbirgt sich das schöne Café-Restaurant (($)) **Martinho da Arcada.** Dort ließ sich einst Lissabons trinkfreudiger Poet *Fernando Pessoa* alltäglich seine Flasche Macieira servieren.

Gegenüber, vor dem Gebäude der *Hauptpost,* wurde 1908 der letzte portugiesische König Carlos zusammen mit dem Thronfolger ermordet. Gleich um die Ecke liegt das **Rathaus** (Município) ❸ von 1865, in dem 1910 die Republik ausgerufen wurde. Den Platz davor prägt eine gewundene steinerne Säule, der *Pelourinho,* Zeichen der städtischen Gerichtsbarkeit und früher als Pranger verwendet.

Auf der Ostseite der Praça do Comércio legen vom *Terminal Fluvial* die **Fähren** zum anderen Tejo-Ufer ab, die täglich 60 000 Pendler in die Stadt bringen. Über 20 km erstrecken sich am Fluss die Docks. In Richtung Brücke ist hier eine neue Flaniermeile entstanden. Die *Estação Cais do Sodré* nahe der Praça do Comércio ist Endpunkt der Bahnlinie nach Cascais (s. S. 41). Hier legen auch die Autofähren an.

*Castelo de São Jorge

Die Georgsburg, das Castelo de São Jorge ❹, war wohl schon in ältesten Zeiten eine Festung, die die Tejo-Mündung bewachte. Die unter Salazar romantisch restaurierte Ruine enthält nur wenige Details, die an die ursprünglich maurische *Alcáçova,* die Königsresidenz erinnern, wo einst Vasco da Gamas Indienfahrt mit einem rauschenden Fest gefeiert wurde. Auf jeden Fall ist das Castelo der schönste Miradouro mit Rundblick auf Stadt und Strom.

**Alfama

Im Osten der Baixa zieht sich rings um den Burghügel das älteste Viertel der Stadt, das, auf Fels gebaut, im Wesentlichen auch das große Erdbeben überstand. Hier befand sich der Kern der Römerstadt, von der man u. a. Reste eines Theaters ausgegraben hat (Ecke Rua de São Mamede/Rua da Saudade), hier war das Zentrum der Maurenstadt. In der Alfama wohnten auch die Juden bis zu ihrer Vertreibung im 16. Jh.

Der Gang durch die Alfama, deren Gassen sich in malerischer Anarchie um den Burghang schlängeln, führt noch heute in eine andere Zeit, auch wenn die dringend notwendigen Sanierungsarbeiten Fortschritte machen. Statt Abgasschwaden liegt der Duft von gegrillten Sardinen über den verwinkelten, steilen Gassen und Treppen, statt Motorenlärm hört man das Zwitschern der Kanarienvögel und das Gackern der Haushühner. Frauen verkaufen Fisch und Gemüse auf der Straße.

In der Alfama locken viele Weinkneipen, Restaurants und Fadolokale zur Einkehr.

Tipp Liebhaber des Lissabon-Blues besuchen die **Casa do Fado,** das Fadomuseum, am Largo do Chafariz de Dentro (Di–So 10–18 Uhr).

Der pittoreske **Largo do Chafariz de Dentro** ist das Foyer der Alfama am Fuß des Hügels. Dort beginnt die *Rua de São Pedro,* die belebte Hauptstraße des Viertels, in dem 12 000 Menschen leben.

Am Hügelfuß entlang führt die *Rua Terreiro do Trigo* zum gleichnamigen Platz. Hier befindet sich der älteste öffentliche Brunnen Lissabons, der **Chafariz d'el Rei ❺**.

Weiter in Richtung Baixa gelangt man in die *Rua dos Bacalhoeiros*, die Straße der Stockfischverkäufer, vorbei an der umstrittenenen Rekonstruktion der **Casa dos Bicos ❻** (16. Jh.), mit ihrer Fassade aus Diamantquadern. Um die Ecke ist in der Rua da Alfândega die manuelinische Fassade der Kirche *Conceição Velha* ❼ sehenswert.

Aufstieg nach Graça

Tipp Für die Runde zu den Sehenswürdigkeiten oberhalb der Alfama empfiehlt sich für Fußmüde die berühmte Linie des **Eléctrico Nr. 28,** die zwischen der *Rua da Conceição* in der Baixa und dem Viertel *Graça* an den wichtigsten Punkten vorbeifährt.

Erste Station der Straßenbahn Nr. 28 ist die trutzig am Hang stehende ***Sé ❽** (von lat. sedes episcopalis – Bischofssitz), die mittelalterliche *Kathedrale*

Elevador de Santa Justa

Seite 31

Alfama – Viertel zwischen Armut und Idylle

Blick vom Bairro Alto über die Baixa und die Kathedrale zum Tejo

von Lissabon, die an der Stelle einer Moschee als Denkmal des Sieges über die Mauren errichtet wurde. Stark restauriert, ist sie dennoch ein eindrucksvolles Zeugnis aus der Frühzeit des Königtums. Das hohe, dunkle Hauptschiff zeigt sich romanisch, der Chor barock, sein Umgang gotisch schlicht. Bis auf die große * *Weihnachtskrippe* aus dem 18. Jh. in der ersten Kapelle links vom Eingang und gotischen *Grabmälern* in den Chorkapellen ist die Ausstattung nicht weiter erwähnenswert. Einen Besuch lohnt der gotische *Kreuzgang,* in dem man Fundamente aus römischer und maurischer Zeit ausgegraben hat.

Seite 31

Hl. Antonius

Unterhalb der Sé liegt ein Kirchlein mit barock beschwingtem Giebel, **Santo António da Sé** ❾ vom Ende des 18. Jhs. Es ist dem hl. Antonius von Padua geweiht, der eigentlich hl. Antonius von Lissabon heißen müsste, denn hier stand sein Geburtshaus. Er wurde zum beliebtesten Schutzheiligen. Zu seinen Ehren wird am 13. Juni in der Alfama das größte Volksfest Lissabons gefeiert.

Nächste Station ist der berühmte * **Miradouro de Santa Luzia,** eine Aussichtsterrasse mit überrankter Pergola und bunt gefliesten Sitzbänken auf der Rückseite der gleichnamigen Kirche.

Tipp Dies ist einer der schönsten Miradouros mit Blick auf die Dächer der Alfama, den Tejo und weiße Kirchenkuppeln. Ein steiler Weg führt hinunter in die Alfama.

Der Name des hübschen **Largo das Portas do Sol** (Straßencafés und * *Museu de Artes Decorativas* mit sehenswerten historischen Interieurs) weist auf ein Tor in der maurischen Stadtmauer an dieser Stelle hin.

Die Straßenbahn hält direkt an der Kirche * **São Vicente de Fora** ❿, früher außerhalb *(de fora)* der Stadtmauern gelegen. Der strenge Spätrenaissancebau mit seiner stolzen Doppelturmfassade ist ein Denkmal der spanischen Besetzung, von Philipp II. von Spanien in Auftrag gegeben und 1629 eingeweiht. In den Höfen des Klosters befindet sich ein umfangreicher Zyklus von * *Azulejo-Wandbildern* aus dem 18. Jh., die u. a. die Tierfabeln von La Fontaine illustrieren, sowie die Gruft der letzten Königsdynastie der Braganças.

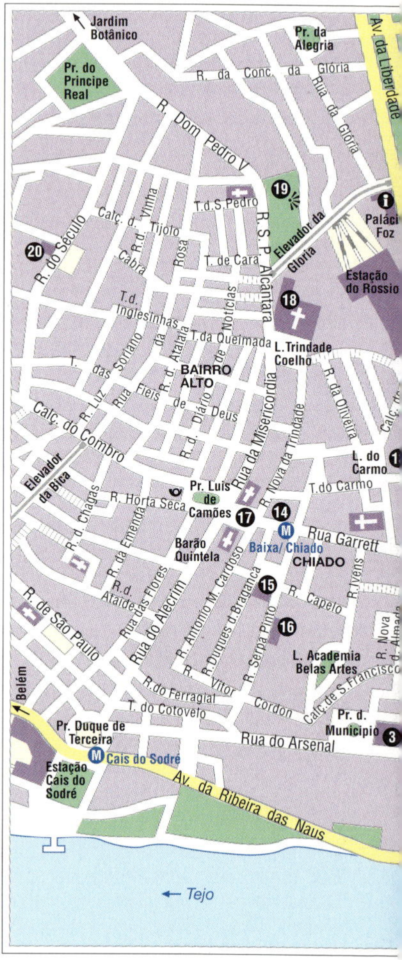

1. Rossio/Praça Dom Pedro IV
2. Praça do Comércio Terreiro do Paço
3. Rathaus
4. Castelo de São Jorge
5. Chafariz d'el Rei
6. Casa dos Bicos
7. Kirche Conceição Velha
8. Sé/Kathedrale
9. Kirche Sto. António da Sé
10. Kirche São Vicente de Fora
11. Kirche von Graça
12. Miradouro Nossa Senhora do Monte
13. Carmo-Kirche/Archäologisches Museum
14. Café A Brasileira
15. Oper São Carlos
16. Museu do Chiado
17. Largo do Chiado
18. Kirche São Roque
19. Miradouro São Pedro de Alcântara
20. Palácio dos Carvalhos

Hinter São Vicente liegt der *Campo de Santa Clara* mit schönen Patrizierhäusern, einer Markthalle des 19. Jhs. und der **Feira da Ladra,** dem ältesten Flohmarkt der Stadt (Di vormittags und Sa).

Seite 31

Unterhalb des Platzes erblickt man die weiße Riesenkuppel der Kirche **Santa Engrácia,** die erst 1966 nach 300-jähriger Bauzeit fertig gestellt wurde. Für Dinge, die ewig nicht zu Ende gebracht werden – und davon gibt es in Portugal eine ganze Menge -, sind die „Obras de Santa Engrácia“ sprichwörtlich geworden. In dem Kuppelbau, von Salazar zum nationalen Pantheon bestimmt, herrscht gähnende Leere. Leer sind auch die Sarkophage, die nur die Namen großer Portugiesen beschwören.

Miradouros

Die Lissabonner lieben ihre *Miradouros*, Hügelbalkons mit Aussicht über die Stadt bis zum glitzernden Tejo, wo die Seele in die *saudade* entflieht, das schmerzende Sehnsuchtsgefühl, das nur Portugiesen kennen.

Von São Vicente kann man über die *Rua da Voz do Operário* noch bis zur Endhaltestelle der Straßenbahn Nr. 28 in das alte Arbeiterviertel **Graça** – ******Miradouro* mit Caféterrasse vor der *Graça-Kirche* ⓫ – hinaufgehen. Hier liegen etwas versteckt rund ein Dutzend „Vilas“, Arbeitersiedlungen der Jahrhundertwende, meist um Innenhöfe gruppiert und mit eisernen Außenstiegen versehen. Besonders hübsch ist die *Vila Bertha*, Rua do Sol à Graça 55/59, mit Terrassenbalkonen und Azulejo-Dekor. Die größte Anlage ist das *Bairro da Estrela* (Sternenviertel), in das man von der Rua da Graça links über die Rua da Senhora do Monte, dann rechts in die Rua Josefa Maia gelangt. Ein weites Panorama bietet sich nahebei vom **Miradouro* ⓬ auf dem Hügel *Nossa Senhora do Monte*.

Vom Largo da Graça fährt der Eléctrico zurück zur Baixa oder weiter zum *Largo Martim Moniz* unterhalb des Nordabhangs des Castelo de São Jorge, an dem die pittoreske *Mouraria*, das ehemalige Maurenviertel, klebt.

** Avenida da Liberdade

Lissabons Champs-Elysées mit 1,3 km Länge und 90 m Breite ist vom Rossio nur durch den Rossio-Bahnhof *(Estação do Rossio)* mit seiner bombastischen maurisch-manuelinischen Fassade getrennt. Am Beginn der Avenida liegt die *Praça dos Restauradores* mit dem *Turismo-Büro* im barocken Palácio Foz. Östlich verläuft die **Rua das Portas de Santo Antão** (Fußgängerzone) mit dem *Politeama*-Theater von 1913 und der Vielzweckbühne des *Coliseu* (1888) aus der Belle Epoque.

Die *Rua das Portas de Santo Antão* ist eine Fressgasse mit recht teuren Fischrestaurants.

Der Ausbau der Avenida da Liberdade seit 1879 war der Auftakt zu einer groß angelegten Stadterweiterung. Leider hat die Flaniermeile in neuerer Zeit durch rigorose Bauspekulation stark gelitten, als reihenweise prächtige Häuser der Jahrhundertwende abgerissen wurden, um gesichtsloser Allerweltsmoderne Platz zu schaffen. Statt herrschaftlicher Wohnungen dominieren jetzt Banken, Büros und Boutiquen. Die Avenida endet an der **Praça Marquês de Pombal.** In der Mitte des meist **Rotunda** genannten Verkehrskreisels steht das Denkmal des Reformers.

Nach Westen führt die Avenida Joaquim A. de Aguiar zur Süd-Autobahn, wo das moderne Wahrzeichen Lissabons, das gigantische Shopping-Center **Amoreiras** seine gläsernen Türme in den Himmel reckt (Bus Nr. 11 ab Rossio).

Im Norden der Rotunda zieht sich die grüne Rampe des **Parque de Eduardo VII** hügelaufwärts. Auf seiner Westseite liegen viele renommierte Hotels. Die

Terrasse am oberen Ende ist ein * *Miradouro* mit einzigartigem Blick über die Avenida da Liberdade bis zum Tejo. Unterhalb liegt die * *Estufa Fria*, ein Gewächshaus in einem ehemaligen Steinbruch, mit einem Dschungel tropischer Pflanzen zwischen rieselnden Wassern.

Die Kathedrale wurde zum Symbol der christlichen Herrschaft

Seite 30

** Chiado und Bairro Alto

Der **Elevador de Santa Justa**, 1902 errichtet, verbindet in der vertikalen Direttissima Unter- und Oberstadt. In luftiger Höhe landet man neben der über den Abhang ragenden Ruine der gotischen **Carmo-Kirche** ⓭, dem letzten Mahnmal des großen Erdbebens. (*Archäolog. Museum*, Di–Sa 10–13 Uhr, 14–17 Uhr, im Sommer 10–18 Uhr.)

Von der oberen Plattform des Elevador mit dem sympathischen Restaurant **Chiado Mel** bietet sich eine herrliche * Aussicht.

Miradouro de Santa Luzia: Lissabons schönster Aussichtspunkt in der Alfama

Vom *Largo do Carmo* mit seinem barocken Brunnenpavillon geht es bergab zum *Chiado*, dem ehemaligen Literatenviertel, wo den Poeten Denkmäler und Straßen gewidmet sind.

Das Traditionscafé **A Brasileira** ⓮ und die **Pastelaria Bénard** in der *Rua Garrett*, diverse Antiquariate und Buchhandlungen wie die altehrwürdige *Livraria Bertrand* (seit 1732), die Oper *São Carlos* ⓯ und andere Theater erinnern an alte Zeiten.

Kulturell aufgewertet wurde das Viertel durch das 1994 wieder eröffnete **Museu do Chiado** ⓰ (Rua Serpa Pinto 6, Di 14–18, Mi–So 10–18 Uhr), ein architektonisch interessantes Museum für die Lissabonner Kunst vom Ende des 19. Jhs. bis zur Gegenwart.

Heute ist der Chiado vorwiegend ein Shopping-Distrikt, der sich um die Hauptachse

Denkmal des Marquês de Pombal

Seite 30

der **Rua Garrett** und die **Rua do Carmo** konzentriert. Beim Bummeln entdeckt man elegante Ladeninterieurs alten Stils mit Stuck, Malereien und spiegelnden Vitrinen.

Kaum mehr sichtbar ist am unteren Ende der Rua Garrett die hässliche Wunde des großen Brands von 1988, der zwar nicht die ganze Altstadt, wie durch die Medienberichte suggeriert wurde, aber immerhin 18 historische Häuser vernichtete. Übrigens hat Lissabon im 20. Jahrhundert nicht weniger als 21 Großfeuer und ungezählte kleinere erlebt! Am oberen Ende liegen der von zwei Kirchen gerahmte **Largo do Chiado** ⑰ und der von Pinien umstandene **Largo Luís de Camões** mit dem Denkmal für den Nationaldichter.

Über die *Rua da Misericórdia* oder die *Rua Nova da Trindade* geht es bergauf bis zu der vom Erdbeben verschonten Spätrenaissance-Kirche ***São Roque** ⑱ an der Praça Trindade Coelho. Die Raumbildung der Jesuitenkirche ist recht schlicht, bemerkenswert hingegen die prachtvolle Ausstattung. Am interessantesten sind die *Azulejo-Wände* des 16. Jhs. in der Vorhalle und der dritten Kapelle rechts, insbesondere aber die aus Rom importierte, aus Gold, Edelhölzern, Elfenbein und Edelsteinen geschaffene **Capela de São João* (die vierte links) von 1742, eine der berühmten Verschwendungstaten des Königs João V. (s. S. 17, 45).

Zu einer Verweilpause laden im Umkreis z. B. die **Cervejaria da Trindade** (Rua Nova da Trindade 20, ($)), ein traditionsreiches Bierhaus in einem ehemaligen Kloster mit prächtigen Azulejo-Wänden aus dem 19. Jh., und das **Instituto do Vinho do Porto** in der Rua São Pedro de Alcântara 45 (Mo–So 10–22 Uhr). Das Portwein-Institut residiert in der *Casa Ludovice*, die sich der deutsche Architekt des Klosterschlosses Mafra (s. S. 17, 45) 1747 als Stadtpalast errichtet hatte. Etwa 170 Portweine kann man hier zu moderaten Preisen verkosten.

Schräg gegenüber bietet ein begrünter Belvedere, der **Miradouro São Pedro de Alcântara** ⑲, einen eindrucksvollen Panoramablick. Daneben führt eine über hundertjährige Standseilbahn, der *Elevador da Glória*, hinunter zur Praça dos Restauradores.

Rua Dom Pedro V

Hier reihen sich die guten und teuren Antiquitätenläden. Ein Augenschmaus sind auch die prächtige Belle-Epoque-Bäckerei *São Roque* an der Ecke zur Rua da Rosa und der *Pavilhão Chinês*, in Nr. 89, eine mit nostalgischem Nippes ausgestattete kuriose Bar.

Die Rua Dom Pedro V endet an der **Praça do Principe Real,** einer idyllischen Grünanlage, wo der rekordverdächtige Riesenschirm einer Goa-Zeder Kartenspielern Schatten spendet. Wer eine exotische Pflanzenwelt liebt, sollte den nahen, 1858 gegründeten *Jardim Botânico* besuchen (Botan. Garten; Eingang *Rua da Escola Politécnica*; 🕓 9–18 Uhr, im Sommer bis 20 Uhr). Dort gibt es u. a. zwei mächtige Drachenbäume und eine Palmenallee mit 35 verschiedenen Arten zu bewundern.

Der Rückweg führt durch das **Bairro Alto,** das man auch tagsüber nicht links liegen lassen sollte. Von der Rua Dom Pedro V zweigt rechts die *Rua da Rosa* ab, die das Rückgrat des Viertels bildet. Das Bairro Alto mit seinem fast rechtwinkligen Straßennetz war die erste planmäßige Erschließung eines neuen Wohngebiets außerhalb der Stadtmauern im 16. Jh. Es ist nach der Alfama das älteste Stadtviertel. Östlich der Rua da Rosa erstreckt sich hangabwärts ein volkstümliches Quartier mit viel Atmosphäre, wo sich kleine Läden, Werkstätten und einfachen Weinschenken *(tascas)* aneinanderreihen und der von den Mauern bröckelnde Putz von flatternder Wäsche, Blumentöpfen und Vogelkäfigen kaschiert wird.

Das Bairro Alto ist das traditionelle Ausgehviertel mit Restaurants, Bars und (vorwiegend touristischen) Fado-Lokalen, in denen der tränenselige und selbstverliebte Weltschmerz-Blues Lissabons zur Gitarre gesungen wird.

Viele Esslokale unterschiedlicher Art und Preislage sind auch zur Mittagszeit stark frequentiert, wenn preiswerte Tagesgerichte *(pratos do dia)* angeboten werden. Bei In-Restaurants wie dem schicken und teuren **Pap' Açorda** (Rua da Atalaia 57, ☎ 21 346 4811, $$$) empfiehlt sich eine Reservierung.

Einen ganz anderen Charakter hat das Bairro Alto westlich der Rua da Rosa im Umkreis der stillen Rua do Século mit dem **Palácio dos Carvalhos** ⑳, Pombals Geburtshaus (1699), einem barocken Brunnenplatz und dem schönen früheren Verlagshaus der Zeitung *O Século* von 1913. Am Largo de Camões grenzt das Bairro Alto an den Chiado.

Außerhalb der Rundgänge

** Museu Calouste Gulbenkian

Das bedeutendste Kunstmuseum Portugals ist Teil einer privaten Stiftung des Erdölmagnaten Calouste Gulbenkian, eines in Istanbul geborenen Armeniers, dem Portugal während des Zweiten Weltkriegs Exil und Steuerkonzessionen gewährte. Als Dank vermachte er dem Gastland 1955 seine Kunstsammlungen und den Löwenanteil seines immensen Vermögens in Form einer Kulturstiftung. Bis heute finanziert und organisiert diese Stiftung einen erheblichen Teil des Kultursektors, nicht nur der Stadt Lissabon. Das Museum besitzt erstrangige Werke der europäischen Malerei von der Gotik bis zum Impressionismus, französische Interieurs des 18. Jhs. mit Möbeln, Gobelins und Tafelaufsätzen, eine exquisite Sammlung von Jugendstilobjekten des französischen Juweliers René Lalique und eine Abteilung ostasiatischer und islami-

Zeugnis des Erdbebens von 1755: die Carmo-Kirche im Bairro Alto

Rua Garrett: edle Einkaufsstraße mit altertümlichem Charme

Seit 1922 ist das Café A Brasileira Lissabons Literatentreff

Seite 30

scher Keramik und Textilien. (Av. de Berna 45, ☎ 21 793 5131; 🕓 Di–So 10–17 Uhr, Mo, Fei geschl. Ⓜ Praça de Espanha, Busse 31, 41, 46.)

** Museu Nacional de Arte Antiga

Im größten Museum portugiesischer Kunst sind u. a. Werke aus der flämisch beeinflussten Blütezeit der portugiesischen Malerei des 15. und 16. Jhs. zu sehen. Hauptwerk dieser Periode ist der ** Flügelaltar des hl. Vinzenz von *Nuno Gonçalvez* (um 1460) mit Porträts von Heinrich dem Seefahrer und anderer Zeitgenossen. Eine Kostbarkeit ist auch das ** Triptychon von *Hieronymus Bosch* mit der Versuchung des hl. Antonius. (Rua das Janelas Verdes, 🕓 Di 14–18, Mi–So 10–18 Uhr; Busse Nr. 27, 40, 60.)

** Museo do Azulejo

In dem 1506 von der Schwester König Manuels, der frommen Leonor, gegründeten Kloster Madre de Deus ist das in seiner Art einzigartige Museum untergebracht. Es dokumentiert anschaulich die Entwicklung der für Portugal so charakteristischen Fliesenkunst von den Anfängen bis heute. Besonders bemerkenswert: das über 40 m breite *Lissabon-Panorama* von 1730, das die Stadt vor ihrer Zerstörung durch das Erdbeben von 1755 zeigt. R. da Madre de Deus 4, ☎ 21 814 7747; 🕓 Di 14–18, Mi–So 10–18 Uhr; Busse Nr. 18, 42, 104, 105.

* Palácio dos Marqueses da Fronteira

São Domingos de Benfica, ein Komplex mit mehreren historischen Gebäuden, liegt am grünen Fuß des Monsanto-Hügels. Dazu gehört als wohl schönster Privatbesitz Lissabons der Fronteira-Palast mit seinen berühmten Gärten, der seit seiner Erbauung im 17. Jh. derselben Familie gehört. Die ** *Gartenanlage* repräsentiert einen Idealtypus des portugiesischen Gartens: geometrisches Buchsbaum-Parterre mit Brunnen und Statuen; ein Ensemble aus Bassin und Gartenpavillon, bedeckt von kobaltblauen Azulejos; exotische Bäume, fliesenverzierte Grotte, Nischen und Mäuerchen. (Largo de São Domingos de Benfica 1, ☎ 21 778 2023; 🕓 Führungen: Juni–Sept. 10.30, 11.30, 12 Uhr; Okt.–Mai 11 u. 12 Uhr; So, Fei geschl. Busse Nr. 16, 46, 54, 58, 68; Ⓜ Jardim Zoológico und Taxi.)

Tipp **Parque dos Nações:** Das Gelände der Expo ’98 lockt weiterhin Besucher mit dem spektakulären Meeresaquarium, dem *Ozeanarium*, und einem breiten Unterhaltungsangebot. (Olivais; Ⓜ Oriente.)

*** Belém

Anfahrt mit der Bahn ab Cais do Sodré (Schnellzüge halten nicht in Belém), mit Bussen Nr. 14, 43 oder Eléctrico 15.

*** Mosteiro dos Jerónimos

Das Kloster der Hieronymiten in Belém ist das herausragende historische Bauwerk Lissabons. Zusammen mit der berühmten ** *Torre de Belém* (s. S. 38) hat es als einziges großes Denkmal aus dem goldenen Zeitalter der Entdeckungen das Erdbeben von 1755 überdauert. Der Baukomplex, der heute mit seiner langen Breitseite auf eine weite Grünanlage blickt, lag einst unmittelbar am Ufer beim Restelo-Hafen, von dem aus die portugiesischen Karavellen zu ihren Erkundungsfahrten aufbrachen. Hier stand zuvor eine kleine Marienkapelle, in der Vasco da Gama in der Nacht vor seinem Aufbruch nach Indien am 8. Juli 1497 betete und in der ihn sein König, Manuel I., nach der glorreichen Rückkehr im September 1499 empfing. Zum Dank für die Entdeckung des Seewegs nach Indien ordnete der König den Neubau des Seemannsklosters an, zu dem 1500 der Grundstein gelegt wurde. Das Hieronymus-Kloster kam erst rund 50 Jahre nach dem Tod Manuels zu einem vorläufigen Abschluss (1572). Die ursprünglich geplante Anlage wurde nie vollendet, ein Schicksal, das sie mit anderen allzu groß geträumten Bauprojekten Portugals teilt. So ist der Komplex nicht nach dem Entwurf eines einzelnen Architekten ausgeführt, sondern zeigt verschiedene Handschriften, die zeitlich aufeinander folgen (vor allem die von Boytac und João de Castilho).

Museu do Azulejo

Der Außenbau ist wenig gegliedert bis auf das * *Südportal*, das wie eine riesige Monstranz 32 m hoch aufwächst, das prächtigste Portal aus manuelinischer Zeit. Der Entwurf mit einer Fülle von Detailformen hat die Hieronymus-Legende zum Thema. Er stammt von *João de Castilho*, dem wichtigsten manuelinischen Baumeister. Der eigentliche Eingang liegt unter der westlichen Vorhalle. *Nicolas de Chanterène* (s. S. 15) schuf mit dem * *Westportal* 1517 sein Meisterwerk. In porträtartig realistischer Darstellung knien König Manuel I. und seine Gemahlin Maria von Kastilien in Begleitung der Heiligen Hieronymus und Johannes des Täufers unter den Bethlehem-Szenen (port. Belém = Bethlehem) im Bogenfeld.

Die Eléctricos fahren Sie durch die Alfama und nach Belém hinaus

Überraschend weit und zart zugleich ist der ** *Innenraum*, eine spätgotische Halle von 25 m x 27 m x 25 m, gestützt durch unwahrscheinlich dünne, hohe Pfeiler von nur 1 m Durchmesser. Diese achteckigen Pfeiler sind über und über von feinteiligen Renaissanceornamenten überrieselt, während sich über die Gewölbe ein dekoratives Rippennetz breitet. Noch kühner ist die stützenlose Konstruktion des Querschiffes, dessen Wölbung von den Vierungspfeilern bis zur Chorwand eine lichte Weite von 29 m überspannt. In starkem Kontrast dazu steht der ernste, schmuckarme Renaissancechor (1551) von Diogo de Torralva, ein marmornes Pantheon, in dem steinerne Elefanten die Sarkopha-

Park des Palacio dos Marqueses da Fronteira

ge Manuels I., seines Sohnes João III. und ihrer Frauen tragen. Wie in Batalha und Alcobaça ist der Triumphtempel gleichzeitig Totentempel. Für den letzten König der Dynastie Aviz, Dom Sebastião, steht ein Kenotaph im Querhaus, unter der Empore der Sarkophag Vasco da Gamas. Der Sarkophag für den an der Pest gestorbenen und in einem Massengrab verscharrten Dichter Luis de Camões ist leer.

Eines der schönsten manuelinischen Denkmäler ist der ** **Kreuzgang.** Hier geht es nicht um Form und Harmonie, sondern um Verzauberung und Berauschung. Ursprünglich – als sich seine Bogengänge in einem weiten Wasserbecken mit Insel spiegelten – glich er eher einem fürstlichen Palasthof als einem Wandelgang für fromme Gebete.

In den ehemaligen, neugotisch restaurierten Klostergebäuden befinden sich zwei Museen, das **Museu da Marinha** (u. a. Schiffsmodelle) und das **Museu Nacional de Arqueologia.**

Weitere Sehenswürdigkeiten in Belém

Westlich des Klosters erheben sich der moderne Marmorkoloss des **Kulturpalastes** von Belém und jenseits der Parkanlagen am Tejo-Ufer der klotzige **Padrão dos Descobrimentos.** Mit dem Entdeckermonument der Salazar-Zeit sollte noch einmal pathetisch die Vergangenheit beschworen werden. Das nahe gelegene **Museu de Arte Popular** zeigt portugiesische Volkskunst.

Neben dem Volkskunst-Museum findet sich das elegante Restaurant **Espelho de Agua.**

Tipp Zur wohlverdienten Ruhepause nach der Besichtigung kann man sich in die exotische Parkanlage **Jardim Tropical** zurückziehen (Eingang Calçada de Galvão) oder um die Ecke in der Rua de Belém in das Konditorei-Café **Confeitaría de Belém,** eine altportugiesische Institution, die seit 1834 eine hauseigene Spezialität herstellt: die köstlichen *pastéis de nata.*

Wahrzeichen Lissabons

Weiß schimmernd wie ein Wasserschloss liegt das berühmteste Wahrzeichen Lissabons am Ufer des Tejo: die ** **Torre de Belém.** Die manuelinische Bastion, die wie ein Schiffsbug zur Flussseite vorspringt, lag einst auf einer Insel und bewachte die Hafeneinfahrt. An den Zinnen prangt das Kreuz der Christusritter, die Türmchen lassen auf indische Einflüsse schließen. In den Kasematten schmachteten jahrhundertelang Gefangene, und noch im 19. Jh. ließ hier König Miguel politische Gegner einkerkern. Schöner Ausblick von der oberen Turmterrasse in 35 m Höhe.

In der **Rua de Belém** laden viele Restaurants zur Einkehr, ebenso in der * **Rua Vieiera Portuense,** wo man auf zierliche Hausfassaden und weites Grün blickt.

Am Ende der Rua de Belém liegt der rosafarbene **Palácio de Belém,** in dem der Präsident der Republik residiert. In der ehemaligen königlichen Reithalle daneben befindet sich das Kutschenmuseum, * **Museu Nacional dos Coches.** Mehrere Adelssitze sowie der weiter oberhalb gelegene ehemals Königliche * **Ajuda-Palast** (Museum) zeugen noch von der noblen Vergangenheit des ehemaligen Vororts.

Praktische Hinweise

i Palácio Foz, Praça dos Restauradores. Filialen: Flughafen, Bahnhof Santa Apolónia, Miradouro Santa Luzia. Im Kiosk *(Abep)* an der Praça dos Restauradores erhält man Tickets für Veranstaltungen von Kino bis Popkonzert.

Flughafen Portela, 13 km nördlich vom Zentrum; alle 20 Min. *Aerobus* ins Zentrum und zu den großen Hotels. Fähren ab Praça do Comércio (Estação Fluvial) nach Cacilhas und

Barreiro. Autofähren ab Cais do Sodré nach Cacilhas.
Estação Santa Apolónia: Schnellzüge nach Norden und Osten (Coimbra, Porto, Guarda, Marvão, Elvas sowie nach Spanien).
Estação Cais do Sodré: Vorortbahnen nach Cascais und Estoril (über Belém).
Estação Rossio: nach Sintra und Figueira da Foz.
Ab *Estação Barreiro* am südlichen Tejo-Ufer (Fährverbindung) Züge nach Süden und Südosten (Algarve, Beja, Évora).
Stadtverkehr: Dichtes Busnetz; interessante Tramlinien: Nr. 28, 15, 25; schnell und billig ist die Metro. Taxis sind preiswert.

Das Hieronymus-Kloster von Belém ist Portugals schönstes Baudenkmal der Manuelinik

Tipp **Lisboa Card** für alle öffentlichen Verkehrsmittel, dazu kostenloser Eintritt in vielen Museen. Erhältlich u. a. Rua Jardim de Regredor 50 (Restauradores).

Die großen internationalen Hotels liegen nahe der Praça Marquês de Pombal, die schönsten Hotels im Lapa-Viertel.
Avenida Palace, R. 1° de Dezembro 123, ☎ 21 346 0151, Fax 21 3469 1266. Prächtiges Bahnhofshotel (1892). ($$$)
Lapa, Rua Pau da Bandeira 4, ☎ 21 395 0005, Fax 21 395 0665. Luxuriöses altes Palais; Garten, Pool. ($$$)
Lisboa Plaza, Travessa Salitre 7, ☎ 21 346 3222, Fax 21 347 1630. Viel Komfort und Ruhe, zentral. ($$$)
York House, Rua Janelas Verdes 32, ☎ 21 396 2544, Fax 21 67 2793. Langjähriger Geheimtipp, ehem. Kloster mit Gartenhof, gutes Restaurant. ($$$)
Metrópole, Rossio 30, ☎ 21 346 9164, Fax 21 346 9166. Mitten im Zentrum, stilvoll und gepflegt, Klimaanlage. ($$$)
Nacional, Rua Castilho 34, ☎ 21 355 4433, Fax 21 356 1122. Modern, gute Lage und Garage. ($$)
Residêncial Florescente, Rua das Portas de Santo Antão, ☎ 21 346 3517, Fax 21 342 7733. Ruhig, zentral. ($)–($$)

Denkmal der Entdeckungen

Die Torre de Belém bewachte einst Lissabons Hafeneinfahrt

13 da Sorte, Rua do Salitre 13, ☎ 21 353 1851, Fax 21 395 6946. Preiswert und zentral. ($)

⚠ **Monsanto,** im Parque Florestal de Monsanto, ganzjährig geöffnet.

Teurer essen heißt in Lissabon nicht unbedingt besser essen. Unzählige kleine Restaurants bieten schmackhafte Kost für wenig Geld. Zur Mittagszeit hat man in der Baixa und vom Rossio-Bahnhof bis zum Bairro Alto die Qual der Wahl.

Von den traditionellen Restaurants der Luxusklasse lohnen:
Tagide, Largo da Académia de Belas Artes 18, ☎ 21 342 0720. Herrliche Aussicht auf Altstadt und Tejo. ($$$)
Alcântara Café, Rua M. Luísa Holstein 15, ☎ 21 363 7176. Durchgestyltes In-Lokal mit Loft-Atmosphäre im Hafenviertel. Zur späten Stunde wechselt man in die benachbarte Disko **Alcântara Mar.** Reservieren! ($$$)
Pap' Açorda, Rua da Atalaia 57; ☎ 21 346 4811. Trendsetter seit 1980. Reservieren! ($$$)
Cervejaria da Trindade, Rua Nova da Trindade 20. Traditioneller Bierkeller im Ex-Kloster. ($$)

In Lissabon sind die Nächte lang. Man kann den Abend mit einem Drink in einer *Esplanada,* einer Aussichtsterrasse, wie dem **Chapitó** unterhalb der Burg (Costa do Castelo) beginnen, dann in einem Fado-Restaurant im Bairro Alto speisen, z. B. in der **Adega Machado** (Rua do Norte), und zu später Stunde ans Tejo-Ufer umziehen.
Diskotheken und Bars: An der **Avenida 24 de Julho** vom Cais do Sodré und der Ribeira (um die Markthalle) bis Alcântara bei der Tejo-Brücke ziehen die Nachtschwärmer durch die brandaktuellen Diskotheken und Nachtbars. Afrikanische Musik wird im **Lontra** (Rua de São Bento 157) aufgelegt. Absolut in sind u. a. **Kremlin** (Santos), **Kapital** (Avenida de Julho 68) und **Fragil** im Bairro Alto. Der neueste Hit: **Lux** am Cais da Pedra (Sta. Apolónia).

Costa do Estoril – *Serra de Sintra – *Mafra

Der vor den Atlantikwinden geschützte Küstenstreifen mit den Hauptorten Estoril und Cascais entwickelte sich wegen seines milden Klimas schon im 19. Jh. zur portugiesischen Riviera. Die ehemals hochvornehmen Seebäder, in denen sich Exilkönige und eine internationale Hautevolée das Nichtstun versüßten, sind längst zu besseren Vororten Lissabons geworden. Wenig nördlich davon erstrecken sich die Sintra-Berge mit den berühmten Sommerschlössern des Königshauses und noblen Landsitzen, eingebettet in das wuchernde Grün exotischer Gärten. Die gigantische Klosterresidenz Mafra beherrscht die karge Hochebene, die sich gen Norden ausdehnt.

Tipp Wegen der vielen Abstecher, die sich bei dieser Rundfahrt anbieten, empfiehlt sich als Verkehrsmittel das Auto. Ohne Auto ist eine Tagestour (ohne Mafra) möglich: Vorortbahn nach *Cascais* vom Cais do Sodré, Bus vom Bahnhof in Cascais über Colares nach Sintra, zurück mit der Vorortbahn zum Rossio in Lissabon. Reisebüros bieten organisierte Bustouren an. Durch die gute Bahnanbindung bieten sich Cascais und Estoril als Übernachtungsorte für Lissabon-Besucher an.

35 km weit führen die Bahnlinie und die oft überlastete Küstenstraße *(Estrada Marginal)* am Wasser entlang bis nach Cascais. Die ganze Strecke zeigt ein buntes Patchwork aus alten und neuen Villen, Trabantensiedlungen, Baustellen, Gärten, historischen Uferfestungen und landwirtschaftlichen Restflächen. An Wochenenden strömen Ausflügler aus der Stadt an die Strän-

de, auch wenn die Wasserqualität stark zu wünschen übrig lässt. Trotzdem hat der milde Küstenstrich etwas von seinem alten Charme bewahrt.

Estoril

Von der mondänen Vergangenheit des Ortes künden noble alte Villen und Hotels. Zu ihnen zählt das legendäre Luxushotel *Palácio*, Zufluchtsort für abgedankte Könige, u. a. Umberto von Italien, und berüchtigtes Spionagezentrum im Zweiten Weltkrieg, als sich deutsche und alliierte Geheimagenten an der Bar trafen und jüdische Flüchtlinge, für die das neutrale Portugal die letzte europäische Station auf dem Weg nach Amerika war, ihre Hotelrechnung mit Familienschmuck bezahlten. Mit seinem Spielcasino (viele Veranstaltungen), vor dem sich ein grüner Teppich mit Palmensaum ausbreitet, mit altmodischem British Touch und einigen der besten Golfplätze Portugals hat sich Estoril eine gewisse Exklusivität bewahrt. Sporthighlights sind Formel-1-Rennen und die *Estoril Open*, Portugals größtes Tennisturnier (April).

Büro des *Turismo*, Arcadas do Parque, am Stadtpark.

Inglaterra, Rua do Porto. Sehr gutes Preis-Leistungs-Verhältnis. $

Cascais

Trotz Verstädterung fahren noch heute bunte Fischerboote vom kleinen Hafen aus, und ihr Fang wird täglich auf der *Lota*, der Fischauktion, versteigert. Das touristische Zentrum der Küste hat eine hübsche Altstadt mit einer belebten Fußgängerzone, vielen Cafés und (oft recht teuren) Restaurants. Die Uferpromenade am schmalen Strand zieht sich bis Estoril. Lohnend ist ein Spaziergang über die stille Oberstadt und die Zitadelle zum schönen Stadtpark **Parque da Gandarinha.** Zur Küste hin liegt die romantische Burg eines Geldbarons der

In Estorils Hotels traf sich seit der Jahrhundertwende Europas Adel

Fischfang hat in Cascais Tradition

Praia do Guincho: bei Windstärke 5 geht's erst richtig los

Seite 62

Jahrhundertwende: das * **Museu Conde de Castro Guimarães** (11–13, 14.30 bis 17 Uhr; Mo, Fei geschl.).

Büro des *Turismo,* Avenida Marginal, beim Hafen.

Seite 62

Casa da Pérgola (TH), Av. Valbom 13. Zauberhafte altportugiesische Oase. ($$)

Feste und Veranstaltungen: Musikfestival (Klassik, Jazz) im Juli/August; Stierkämpfe in der Sommersaison.

Von Guincho nach Sintra

Weiter stadtauswärts geht es an der felsigen Küste entlang nach Norden zum weiten und oft stürmischen Dünenstrand * **Guincho.** Hier findet man Natur pur. Der Guincho ist ein Dorado für Wind- und Wellensurfer.

Auch faule Feinschmecker kommen in den Fischrestaurants (u. a. *Mestre Zé,* gut und teuer) voll auf ihre Kosten. Die von der Brandung umtoste Festung auf dem Felsen ist heute ein Luxushotel mit Restaurant: **Hotel do Guincho** ($$$).

Auf der Weiterfahrt in Richtung Colares/Sintra lohnen in Azoia Abstecher zum * **Cabo da Roca,** dem westlichsten Punkt des Kontinents an steiler Felsküste, und nach * **Peninha** mit überwältigendem Blick aus windiger Höhe bis Lissabon; zu den Stränden *Praia das Maçãs* (beliebter Badeort, Info zu Unterkünften beim Turismo in Colares-Banzão, nahe der Flussbrücke), *Praia Grande, Azenhas, Praia da Aguda.*

Von **Colares** fährt man auf der alten Landstraße unter dichtem Laubdach vorbei am exotischen Park von *Monserrate* (s. S. 44) und romantischen Quintas nach Sintra. Der Weg führt durch die * **Serra de Sintra,** die berühmt ist für ihre alten Villen.

Vor Sintra liegt das feudale Palasthotel **Seteais** in einem Landsitz aus dem 18. Jh. ($$$)

Sommerfrische

Wenn in ganz Portugal die Sonne scheint, liegt häufig nur über der ** **Serra de Sintra** ein Wolkenschatten. Weil selbst in der heißen Jahreszeit die Temperaturen nicht Lissabons Hitzegrade erreichen, ist das kleine Küstengebierge seit Jahrhunderten beliebte Sommerfrische. In verschwenderischem Reichtum lässt das mildfeuchte Mikroklima die Pflanzen sprießen. Besonders von englischen Poeten, allen voran Lord Byron, ist das grüne Paradies vielstimmig gepriesen worden. Als der romantische Landschaftsgarten im 19. Jh. in Mode kam, verewigten sich hier betuchte Hobbybotaniker mit berühmten exotischen Parks.

** Sintra

Die alte Maurenstadt, deren Festung der erste König Afonso Henriques 1147 stürmte, war seit dem Mittelalter Sommerresidenz der portugiesischen Könige und des Adels. Noch heute entdeckt man auf verschlungenen Pfaden reizvolle Quintas im Schatten von Palmen und Zedern, gerahmt von melancholischen Kamelien und blassen Rosen.

* Paço Real

Der Stadtpalast war vom 14. bis zum Beginn des 20. Jhs. ununterbrochen bewohnte königliche Sommerresidenz. Der Bau ist ein Konglomerat verschiedener Bauteile und Stile, bekrönt vom Wahrzeichen Sintras, den konischen Riesenkaminen der Palastküche. Maurische Wohntraditionen spiegeln die um schattige Brunnenhöfe wie zufällig angeordneten Säle wider, ebenso die halbhohe Wandverkleidung mit in Sevilla hergestellten ** *Azulejos* aus dem 15./16. Jh., die reichste Sammlung ihrer Art auf der Iberischen Halbinsel. Arabische Einflüsse zeigen auch die holzgeschnitzten Decken, die wie hohe Truhendeckel über die Räume gestülpt sind – besonders schön die Mudéjar-Decke in der Kapelle, die auch einen ungewöhnlichen Keramikboden (15. Jh.) besitzt. Die meisten Räume stammen aus der Zeit Manuels I., der einige Zeit von Sintra aus regierte, als die Pest in Lissabon wütete. Außer den Azulejo-Verkleidungen und bemalten Holzdecken ist die Ausstattung schlicht. Eine üppige Dekoration mit Teppichen, Wandbehängen und Polstern verlieh den Sälen Farbe und Wärme. Statt auf Stühlen zu sitzen, lagerte man noch im 18. Jh. lieber nach maurischer Art auf Bodenkissen. (🕓 Führung 10–13, 14–17 Uhr; Mi, Fei geschl.)

Sintra war seit dem Mittelalter Sommerresidenz der Könige

Seite 62

Vom Eingang des Stadtpalasts erblickt man auf der Höhe über Sintra die Zinnenmauern des **Castelo dos Mouros,** die sich wie eine kleine chinesische Mauer um die Felskämme winden. Hinweise zum Fußweg zum Maurenkastell beim Turismo. Hauptzugang auf halbem Weg zum Palácio da Pena.

Europas Westspitze: Cabo da Roca

Azulejos – Fliesenkunst in Portugal

Al-zulaycha oder *zuleija* ist arabisch und bezeichnet ein poliertes Steinchen. Schon im Alten Orient wurden Keramikfliesen hergestellt und als Wandverkleidung benutzt. Die Araber haben die glasierten Kacheln nach Spanien und Portugal gebracht. Die ältesten Azulejos in Portugal (Paço Real in Sintra, Conceição-Kloster in Beja) stammen aus dem 15. Jh. und kommen aus Sevilla. Ihre Oberfläche ist reliefartig, weil man durch Stege oder Furchen das Ineinanderlaufen der Farben verhindern musste, und zeigt meist Ornamentsterne in islamischer Tradition. Im 16. Jh. wurde aus Italien die Majolikatechnik eingeführt, bei der die Farben flächig auf einer Zinkglasur aufgemalt wurden. Aus Italien kamen auch neue Themen, z. B. Figurenszenen der antiken Sagenwelt. Die Motive wurden immer vielfältiger und farbenreicher, mal ornamental, mal naturalistisch. Seit Mitte des 17. Jhs. vollzog sich ein Wandel durch zunehmende holländische Importe. Statt der Mehrfarbigkeit beschränkte man sich nun ausschließlich auf den Kontrast von Kolbaltblau und Weiß und entwickelte eine Vorliebe für szenische Kompositionen. Im Rokoko (2. Hälfte 18. Jh.) wurden die Azulejos wieder polychrom, und man bevorzugte zarte Töne (z. B. Queluz). Wirklich volkstümlich wurden sie um die Mitte des 19. Jhs. dank industrieller Massenproduktion. Seither hat man mit den glänzenden Fliesen nicht nur Kirchen und Paläste, sondern Innen- und Außenwände aller Art dekoriert, besonders schön im Jugendstil und Art déco.

** Palácio und Parque da Pena

Seite 62

Auf der höchsten Felsspitze thront über Sintra in großartiger Aussichtslage eine pseudomittelalterliche Fantasieburg, das portugiesische „Neuschwanstein". Die Komposition von Burg, Berg und einer Parkanlage von 270 ha stellt ein frühes Beispiel der romantischen Landschaftsarchitektur des 19. Jhs. dar. Schloss und Park entstanden ab 1840 als königlicher Sommersitz über einer verfallenen Klosteranlage aus manuelinischer Zeit. Bauherr war der deutsche Prinzgemahl von Königin Maria II., Ferdinand von Sachsen-Coburg-Gotha, der bis zu seinem Tod 1885 Unsummen in das Projekt steckte. Die Innenräume mit ihrer oft bizarren Ausstattung sind so zu besichtigen, wie die letzte Bewohnerin, Königin Amélia, sie bei ihrer Flucht aus Portugal 1910 hinterließ. Von dem manuelinischen Kloster wurden der *Kreuzgang* und die *Kapelle* mit einem wunderschönen marmornen * Altarretabel von Nicolas de Chanterène (s. S. 15) in den Bau einbezogen. (🕓 10–13, 14–17 Uhr; Mo, Fei geschl.)

Enormen Aufwand trieb der Bauherr bei der Anlage des riesigen * *Parks*, der sich weit über die Berghänge erstreckt, mit duftenden Rosengärten, tropischem Farntal und Teichen, exotischen Pavillons und einem Tannenwald aus japanischen Pinien und chinesischen Eiben.

Büro des *Turismo*, Praça da República. Infos u. a. zu TH-Unterkünften.

Traumhafte, allerdings nicht gerade billige Unterkünfte in **Quintas** (TH).

Pensão Sintra, Travessa Avelares, S. Pedro de Sintra, ☎ 📠 21 923 07 38. Alte Villa in schöner Lage mit Garten und Pool. $$

Pensão Nova Sintra, Largo A. de Albuquerque 25, ☎ 21 923 0220. Zentral (beim Bahnhof) und dennoch ruhig. $

Restaurants jeder Preisklasse konzentrieren sich im Ortsteil *São Pedro de Sintra.*

Nach *São Pedro de Sintra* strömen Ausflügler zum Kramen in Antiquitäten- und Accessoire-Shops. Jeden 2. und 4. Sonntag im Monat lockt ein bunter Markt.

Ein Abstecher (10 km von Sintra) führt zu dem asketisch kargen ehemaligen Eremitenkloster **Convento dos Capuchos** (16. Jh.) mit winzigen, korkverkleideten Zellen, mitten im Wald.

* Parque de Monserrate

3 km von Sintra liegt der berühmteste Park der Gegend, den der englische Millionär Sir Francis Cook in den 60er Jahren des 19. Jhs. mit einem maurisch-gotisch-indischen Märchenschloss anlegen ließ. Architekt und Gartenplaner kamen ebenfalls aus England, das Ganze ist ein Produkt des viktorianischen Orientalismus. Von den einst 3000 Pflanzenarten haben u. a. diverse exotische Baumriesen, 25 Palmenarten, Kamelien- und Baumfarnhaine überlebt. Die Farnbäume aus Australien wurden von Cook importiert und sind seither in den Gärten der Serra heimisch. (🕓 tgl. 10–17 Uhr.)

** Queluz

Auf halbem Weg zwischen Sintra und Lissabon liegt ein heiteres königliches Lustschloss des Rokoko (ab 1747). Der Flügelbau rahmt die * **Gartenanlage** des Franzosen Jean-B. Robillon mit weiten Buchsbaum-Parterres, Statuen und Brunnen, einst Schauplatz legendärer Sommernachtsfeste. Durch den Garten führt ein Kanal, der mit zart bemalten Rokoko-Azulejos verkleidet ist. (🕓 10–13, 14–17 Uhr; Di geschl.)

Cozinha Velha, renommiertes Restaurant in der ehemaligen Palastküche. $$

Noites de Queluz: Sommerkonzerte in historischen Kostümen; Auskünfte in Sintra.

*Mafra

Der **Kloster-Palast** (Bauzeit 1707–1750) von Mafra, 20 km nördlich von Sintra an der N 9, ist das gigantische Projekt des Barockfürsten João V. Das Votivkloster, für die Geburt des Thronfolgers gelobt, stellt den ehrgeizigen Versuch dar, Spaniens Escorial in den Schatten zu stellen. 50 000 Männer wurden zum Frondienst an der Baustelle gezwungen. Finanziert wurde der Riesenbau mit Gold und Diamanten aus Brasilien. Hinter der 220 m langen Hauptfassade liegen 880 kaum jemals bewohnte Räume. Die Anlage bedeckt 40 000 m^2, und die marmorne Schlosskapelle (geweiht 1730) hat die Größe einer Kathedrale.

Gleich gegenüber dem Kloster finden sich nette Cafés und Restaurants.

In der Bauhütte von Mafra wurde unter Leitung des aus Deutschland stammenden Architekten Johann Friedrich Ludwig und anderer importierter Baukünstler eine Generation portugiesischer Baumeister und Kunsthandwerker ausgebildet, u. a. Portugals größter Barockbildhauer Joaquim Machado de Castro. Der majestätische Komplex ist symmetrisch um die Basilika komponiert; die Baumassen werden durch die Riesenhauben der Eckpavillons und Türme und die Kirchenkuppel akzentuiert. Die interessantesten Räume des Klosters, in dem 300 Mönche lebten, sind Apotheke, Hospital, Schlafsaal der Mönche und Küche, insbesondere aber die ***Bibliothek** mit 30 000 Bänden, darunter die Erstausgabe der *Lusiaden*. (10–13, 14–17 Uhr; zweistündige Führungen; Di geschl.)

ab Sintra/Bahnhof und ab Praça Marquês de Pombal, Lissabon.

Souvenirläden bieten ein reiches Sortiment lokaler Keramik an.

José Saramago, **Das Memorial** (1982). Reinbek bei Hamburg, Rowohlt TB.

Der Park von Monserrate besticht durch seine tropische Üppigkeit

Lustschloss Queluz: Hier feierten die Könige rauschende Feste

Etwa 30 000 Bände birgt die Bibliothek des Klosters Mafra

Seite 62

* Porto

Seite 49

Die ewige Zweite

Porto ist wie Lissabon eine Stadt am Fluss kurz vor seiner Mündung ins Meer. Aber das Flusstal des Douro ist eng und tief eingekerbt, das Steilufer viel höher und abschüssiger, die Altstadt kleiner und labyrinthischer.

Vier Brückenspangen verbinden Porto mit der Schwesterstadt Vila Nova de Gaia, dem Sitz der Portweinkellereien. Aus Schwindel erregender Höhe von der bei Bungee-Springern beliebten Eisenbrücke Ponte Dom Luis I oder von der Terrasse der Kirche Nossa Senhora do Pilar bietet sich ein Postkartenblick auf die am hohen Granitfels klebende Altstadt. „Es ist das immer wiederkehrende Bild der portugiesischen Stadt, der die Linie fehlt, die ihre Ungleichheiten verbindet. Fast immer auf Bergen stehend oder gleichsam über Berge herunterstürzend ..." (Reinhold Schneider). Und exakt so zeigt sich Porto: am Fluss der malerische Cais da Ribeira mit bunten Fassaden und wehender Wäsche. Darüber türmt sich das dicht gestaffelte Bairro da Sé, dominiert von der trutzigen Kathedrale und dem kasernenartigen Bischofspalast, im Hintergrund der Turm der Clérigos-Kirche. Unverbunden erscheint der Kontrast von düsterer Armut und soigniertem Reichtum, von orientalischem Chaos und nordischer Nüchternheit.

Geschichte

Porto, die zweitgrößte Stadt des Landes mit etwa einer halben Million Einwohner (1,5 Mio. im Großraum), ist die Stadt, die nicht nur dem Portwein, sondern dem ganzen Land ihren Namen verliehen hat. Nach der römischen Zwillingssiedlung *Portus* (lat.: Hafen) auf dem linken Douro-Ufer und *Cale* (Vila Nova de *Gaia*) auf dem rechten nannten schon die Mauren das Land zwischen Minho und Douro *Portucale*. Nach ihrer Vertreibung entstand hier 1095 die christliche Grafschaft *Portucalia*, aus der sich das Königreich Portugal entwickelte. Schon immer lebte Porto vom Handel, mit der Reconquista (s. S. 14) stieg es zum wichtigsten Wirtschaftszentrum des Nordens auf, das im 13. und 14. Jh. Seehandelsrouten bis nach England, Flandern und zu den Hansestädten unterhielt.

Allianzen und Antipathien

Die engen Beziehungen zu England, von dem sich der König Beistand gegen das feindliche Kastilien erhoffte, wurden in einer ersten Allianz (Vertrag von Windsor) 1386 gefestigt und im Jahr darauf durch die Hochzeit König *Joãos I.* mit der Engländerin *Filipa de Lencastre* in der Kathedrale von Porto besiegelt. Der berühmteste Sohn des Paars wurde 1394 in Porto geboren: *Heinrich der Seefahrer*. Englische Kaufleute, die sich mit dem Handel von „Kolonial"-Waren wie Tabak und Zucker beschäftigten, wurden schon früh in Porto heimisch. Der bis heute sichtbare britische Einfluss in der Stadt verstärkte sich erheblich seit dem berüchtigten Methuen-Vertrag mit England von 1703, der den englischen Markt für portugiesische Weine öffnete und britischen Weinhändlern zu einer Monopolstellung im Portweinhandel verhalf.

Stadt der Kaufleute

In Porto waren und blieben im Gegensatz zu Lissabon die bürgerlichen Kaufleute tonangebend. Dafür sorgte schon seit dem frühen Mittelalter ein bis ins 17. Jh. geltendes Niederlassungsverbot für den Adel, der sich in der Stadt nur drei Tage aufhalten durfte. Selbst der König besaß hier keine Residenz, sondern nur Gastrecht im Bischofspalast.

Einkaufsstraßen

Nördlich der **Praça da Liberdade** ❶ führen die schnurgeraden „neuen“ Avenidas nach Norden, die freilich schon 200 Jahre alt sind. Die älteste, die *Rua do Almada* (1762), ist die Straße der Eisenwarenhändler, die *Rua da Picaria* die Straße der Möbelschreiner. Gemischter Einzelwarenhandel bestimmt das Gesicht der *Rua de Sá da Bandeira.*

Tipp Parallel zur Rua de Sá da Bandeira verläuft (östlich) die beliebteste Shopping-Meile, die **Rua Santa Catarina** (teilweise Fußgängerzone). Hier befindet sich das berühmteste Traditionscafé Portos, das *Majestic* von 1922 (Nr. 112, So geschl.) sowie das hundertjährige *Grande Hotel do Porto*, einst das erste Haus am Platz.

Die Rua de Santa Catarina mündet auf die Praça da Batalha mit der Kirche **San Ildefonso** ⓫ (18. Jh., Azulejos von 1932), Theater- und Kinopalästen. Vom *Aguia d'Ouro* von 1899 steht nur mehr die Fassade. Das pompöse Nationaltheater *São José* stammt von 1918, das *Cinema Batalha* aus den 1940er Jahren.

An der Rua Formosa, einer geschäftigen Straße zwischen Rua Santa Catarina und Avenida dos Aliados, liegt der Eingang zum größten und schönsten Lebensmittelmarkt Portos, dem ***Mercado do Bolhão** ⓬ mit Ständen unter einer umlaufenden Galerie und viel Ambiente.

Westliche Innenstadt

Das Wahrzeichen Portos ist die **Torre dos Clérigos** ⓭, mit 75 m der höchste Kirchturm Portugals, der früher den Portweinschiffern als Richtpunkt für den Hafen diente. Die ovale Kirche (1732–1748) und der Turm (1755) sind ein Hauptwerk des Barockarchitekten Niccolò Nasoni, der hier begraben liegt. Von der Turmspitze aus bietet sich das großartigste *Panorama auf Stadt und Fluss. (🕓 tgl. 10–12, 14–17 Uhr.)

Ein Labyrinth enger Straßen führt von der Kathedrale zum Douro

Vila Nova de Gaia ist Sitz aller bekannten Portweinkellereien

Einladung zur Portweinprobe

Seite 49

Seite 49

Ein Spaziergang führt durch die Rua do São Bento da Vitória, vorbei an dem wuchtigen ehemaligen *Konvent* aus dem 17. Jh. bis zum Kirchlein **Nossa Senhora da Vitória ⓮** mit schöner * Aussicht über Dächer mit gläsernen Lichtkuppeln *(clarabóias)* auf die Altstadt. Im Eckhaus zur *Rua de São Miguel* sollte man die Azulejo-Bilder aus dem 17. Jh. mit Alltagsszenen nicht übersehen. Durch die Rua das Taipas geht es weiter über die holprige Rua das Virtudes zum Passeio das Virtudes mit * Sicht über Porto und den Douro.

Über die Parkanlage des **Jardim João Chagas ⓯**, flankiert von den Riesenbauten des *Justizpalastes*, der *Alten Akademie* und dem *Hospital Santo António* aus dem 18. Jh., erreicht man die **Praça Gomes Teixeira ⓰** mit Palmen, Brunnen und zwei Karmeliterkirchen aus dem 17. und 18. Jh. (Azulejos an der Außenwand von 1912). Von hier führt die Rua da Cedofeita nach Norden, an deren Ende (ca. 1 km) die kleine, bescheidene Kirche *São Martinho de Cedofeita* aus dem 6. Jh. steht, die älteste in ganz Portugal.

Mit der Tram ans Meer

An der *Rua do Carmo* bei der Carmo-Kirche kann die Fahrt mit dem *Eléctrico Nr. 18* beginnen (nicht an Sonntagen!). Die Tram zuckelt durch Altstadtviertel am Flussufer zum noblen Vorort **Foz Velha** und zum 300 Jahre alten **Castelo de Queijo.**

An der Rua de Dom Manuel II hinter dem Hospital Santo António liegt Portos größtes Kunstmuseum, das **Museu Nacional Soares dos Reis ⓱** mit einer sehr gemischten Sammlung (u. a. portugiesische Plastik und Malerei des 16. und 19. Jhs., Keramik, Silber, Glas; 🕓 Di–So 10–17.30 Uhr). Benachbart ist der beliebte Park *Jardim do Palácio de Cristal* mit großer Veranstaltungshalle (Palácio dos Desportos).

An der Westseite des Parks verläuft die Rua de Entre Quintas. Hier liegt die **Quinta da Macieirinha** (Nr. 220) inmitten eines idyllischen Gartens. In dem bezaubernden Landhaus des 19. Jhs. ist das *Museu Romântico* eingerichtet, das mit seiner Sammlung den Wohnstil der Bauzeit demonstriert. (🕓 Di–Sa 10 bis 12.30, 14–17.30, So 14–17.30 Uhr.)

Tipp Im Erdgeschoss der Quinta da Macieirinha ist das Portweininstitut **Solar do Vinho do Porto** untergebracht. Als angenehmen Abschluss der Besichtigungstour durch die Quinta kann man sich durch die Welt des Portweins kosten und die Aussicht von der Terrasse genießen. (🕓 tgl. 10–23 Uhr.)

Busse der Linie 78 fahren von der Rua de Dom Manuel II wieder Richtung Stadtmitte; mit derselben Linie kommt man auch stadtauswärts zum * **Museu de Arte Moderna** (Rua de Serralves 977) nahe der Kreuzung Avenida da Boavista/Av. M. Gomes da Costa. Untergebracht ist die hervorragende Sammlung in der *Casa de Serralves*, einem der bedeutendsten Privathäuser Portugals des 20. Jhs. (🕓 Di–Fr 14–20, Sa, So, Fei 10–20 Uhr). Villa und * Parkanlage wurden 1930 unter Mitarbeit von französischen Meistern des Art déco entworfen (Greber, Ruhlmann, Lalique). Bemerkenswerte wechselnde Ausstellungen zeitgenössischer Kunst.

An der Rotunda da Boavista, einem chaotischen Straßenknotenpunkt, steht der erste von Portos neuen Konsumtempeln, das *Centro Comercial Brasilia*.

Praktische Hinweise

Turismo: Rua Clube Fenianos 25, beim Rathaus; Praça Dom João I.

Flughafen *Pedras Rubras*, 15 km nördlich vom Zentrum; Buszubringer.

Bootsausflüge auf dem Douro („Vierbrückenfahrt") sowie ein- oder mehrtägige Ausflüge ins Portweingebiet, jeweils ab Praça da Ribeira.

Drei Bahnhöfe: *São Bento* (Nahverkehr); *Campanhã* (Hbf.; Schnellzüge nach Lissabon, Spanien, ins Douro-Tal etc.); *Trindade* (Schmalspurlinien nach Guimarães, Póvoa de Varzim).
Stadtrundfahrten **Diana-Tours,** Reserv.: ☎ 22 377 1230 und in Hotels. Linienbusse in alle Orte der näheren Umgebung. Preiswerte Fernbusse nach Lissabon, Braga, Vila Real etc.

Infante de Sagres, Praça Dona Filipa de Lencastre 62, ☎ 22 201 90 31, FAX 22 373 1493. Das traditionelle Luxushotel im Zentrum. ($$$)
Grande Hotel do Porto, Rua de Santa Caterina 197, ☎ 22 200 8176, FAX 22 205 1061. Altes Nobelhotel, ruhig. ($$)
Da Bolsa, Rua Ferreira Borges 101, ☎ 22 202 6768, FAX 22 31 8888. Gepflegtes Hotel in saniertem Altbau bei der Börse. ($$)
Internacional, Rua do Almada 131, ☎ 22 200 5032, FAX 22 200 9063. Preiswert, gepflegt, zentral. ($$)
Peninsular, Rua Sá da Bandeira 21, ☎ 22 200 3012. Altmodisch, nahe dem Bahnhof São Bento. ($)

Portucale, Rua da Alegria 598, ☎ 22 57 0717. Dachterrasse im 13. Stock; renommierte Küche und Panoramablick über Porto. ($$$)
Tripeiro, Rua Passos Manuel 195. Portos Kuttel-Spezialität *tripas á modo do Porto.* ($$)
O Padeiro, Travessa do Carmo 28 A. Nette Atmosphäre, gut und preiswert. ($)
Filha da mãe preta, empfehlenswertes Restaurant am Cais da Ribeira. ($)

Nachtschwärmer ziehen in die Diskos des Shopping-Centers Brasilia, nach Foz do Douro oder in die Bars bei der Ribeira. In manchen Tavernen der Ribeira gibt's Livemusik.

Rua das Flores: die Adresse der Gold- und Silberschmiede

Ein Schmaus für Augen und Gaumen

Die Torre dos Clérigos ist Portugals höchster Kirchturm

Seite 49

** Coimbra

Seite 55

Tradition und Geist

Auch die alte Universitätsstadt Coimbra, Portugals Heidelberg, liegt am Steilufer eines Flusses, des Rio Mondego. Sie hat etwa 100 000 Einwohner und 20 000 Studenten. Die Universität, eine der ältesten in Europa und bis 1910 die einzige Portugals, datiert ihre Anfänge bis ins 12. Jh. zurück. Mehrmals zwischen Lissabon und Coimbra hin- und herverlegt, etablierte sie sich seit 1537 auf Anordnung Joãos III. endgültig auf dem Hügel in der ehemaligen Königsresidenz. Zu ihren berühmtesten Schülern zählten der hl. Antonius von Padua, der Nationaldichter Camões und der Diktator Salazar.

Die Studenten prägen bis heute Coimbras Stadtbild. Noch immer tragen sie zu besonderen Anlässen die Studententracht mit der capa, dem schwarzen Schulterumhang. Bunte Bänder an den capas, die fitas, zeigen durch ihre Zahl und Farbe die Studienjahre und Fakultät an, z. B. Rot für Juristen, Dunkelblau für Geisteswissenschaften.

Geschichte

Der Name Coimbra leitet sich vom römischen *Conímbriga* ab. Die römische Vorgängerstadt lag jedoch 16 km entfernt bei Condeixa. Sie wurde nach der Zerstörung durch Sueben und Vandalen im 6. Jh. verlassen, als ihre Einwohner auf den burggeschützten Hügel von Aeminium am Mondego umzogen und den Namen ihrer Stadt auf die Flusssiedlung übertrugen. Conímbriga ist heute die wichtigste antike Ausgrabungsstätte in Portugal (s. S. 57).

Seit dem 8. Jh. von Mauren und Christen umkämpft, war Coimbra bis zum 11. Jh. eine bedeutende Handelsstadt an der Grenze des iberischen Maurenreichs, bewohnt von Christen (Mozarabern), Mauren und Juden. 1064 wurde die Stadt von den Christen erobert, seit 1139 war sie die erste Residenzstadt des jungen Königreichs Portugal.

Schon im Mittelalter entwickelte sich Coimbra zur renommierten Stätte der Wissenschaft, deren freie Entwicklung freilich von Mitte des 16. Jhs. bis zur Mitte des 18. Jhs. durch den Einfluss der Jesuiten behindert wurde. In der Salazar-Zeit war die Universität ab den 1960er Jahren mehrfach Schauplatz studentischer Unruhen, die der Nelkenrevolution von 1974 vorausgingen.

Fado de Coimbra

Der balladenhafte Fado de Coimbra, der einzige eigenständige Fado neben dem Lissabonner Fado, ist studentisch geprägt. Er eignet sich für romantische Ständchen wie für Politisch-Kritisches und wird nur von Männern gesungen. Besonders während der Diktatur blühte hier hinter verschlossenen Türen der Protestgesang. Das Lied zur Nelkenrevolution Grândola Vila Morena stammte von einem Fadista aus Coimbra.

Stadtbesichtigung

Soweit nicht anders angegeben, sind die Baudenkmäler und Museen von 9–12 und 14–17 Uhr geöffnet.

Der **Largo da Portagem ❶**, eine ehemalige Mautstelle an der Santa-Clara-Brücke, ist ein günstiger Ausgangspunkt für einen Rundgang (Parkplätze auf der gegenüberliegenden Flussseite). Am Largo beginnt die Geschäftsstraße **Rua Ferreira Borges,** die als Fußgängerzone Ober- und Unterstadt trennt.

Im viel besuchten **Café Nicola** in der Rua Ferreira Borges 35 kann man ausgezeichnete *arrufadas*, eine lokale Backspezialität, kosten.

Die Altstadt

Das ehemalige Haupttor der mittelalterlichen Stadtmauer **Arco de Almedina** ❷ trägt noch den arabischen Namen. Eine steile Treppengasse mit dem viel sagenden Namen *Quebra Costas* („Rückenbrecher") führt von hier in die enge, verwinkelte Altstadt hinauf. Bei einem Abstecher nach links kommt man in der Rua de Sub-Ripas zum **Palácio de Sub-Ripas** ❸ (mit manuelinischem Baudekor) an der ehemaligen Stadtmauer und zu einem mittelalterlichen Turm, der *Torre do Antão*, heute Sitz des Kunsthandwerkszentrums.

*Sé Velha ❹

Der zinnenbekrönte Bau der **Alten Kathedrale** ähnelt mehr einer Festung als einer Kirche. Diese eindrucksvollste unter den portugiesischen Bischofskirchen der Romanik (12. Jh.) ist eine Stiftung des ersten Königs Afonso Henriques. Der massige Kubus wird allein durch das Rundbogenportal und die Fensternische gegliedert sowie durch einen verwitterten seitlichen Portalvorbau der Renaissance.

Der düstere dreischiffige Innenraum wird aufgehellt durch die lichte Kuppel über der Vierung. Der Chor (interessan-

Sé Velha – Portugals eindrucksvollste romanische Kathedrale

Seite 55

❶ Largo da Portagem
❷ Arco de Almedina
❸ Palácio de Sub-Ripas
❹ Sé Velha/Alte Kathedrale
❺ Alte Universität
❻ Museu Machado de Castro
❼ Sé Nova/Neue Kathedrale
❽ Mosteiro de Santa Cruz
❾ Rua da Sofia
❿ Praça do Comércio
⓫ Praça da República
⓬ Parque de Santa Cruz
⓭ Jardim Botânico

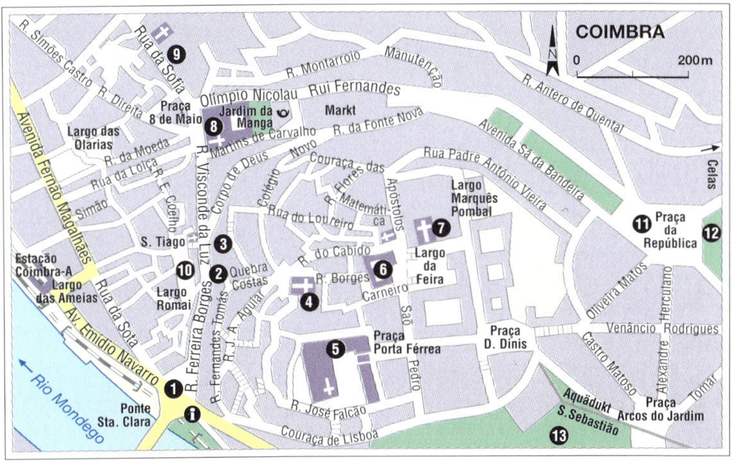

te romanische **Kapitelle*) enthält ein ausgezeichnetes flämisches * Altarretabel von 1508 (Mariä Himmelfahrt) sowie eine **Grabkapelle* der Renaissance für den Bischof Almeida von Jean de Rouen (linke Nebenapsis). Eine Seltenheit ist die **Azulejo-Verkleidung* der Innenwände aus dem 15. Jh. in maurischer Tradition. An der Südseite liegt der stille *Kreuzgang* (gotisch, 14. Jh.).

Seite 55

Bei der Alten Kathedrale liegen das Studentencafé **Sé Velha** und das Traditionsrestaurant **O Trovador** (Fado).

Tipp Das schönste Café von Coimbra und eines der stimmungsvollsten von ganz Portugal ist das **Café Santa Cruz** neben der gleichnamigen Kirche unter einem gotischen Gewölbe.

Im Viertel der * Alten Universität

Hinter der Kathedrale führen Stufen hinauf zur **Alten Universität ❺**, die man durch das Doppeltor der *Porta Férrea* von 1634 betritt. Der Innenhof mit einer Statue Joãos III., der den königlichen Palast im 16. Jh. der Universität zur Verfügung stellte, ist auf drei Seiten umbaut, die vierte Seite präsentiert sich als **Aussichtsterrasse* mit Blick auf den Fluss. Durch den Säulengang der *Via Latina* schreiten die Studenten zur Examensfeier in die prunkvolle *Sala dos Capelos*. Der barocke *Uhrturm* hat eine spöttisch *Cabra* (Ziege) genannte Glocke.

Über die Rua São Pedro geht es links zum *** Museu Machado de Castro ❻** im früheren Bischofspalast (unterirdische römische * Gewölbe, * Skulpturensammlung, * Renaissance-Loggia; Di–So 9.30–12.30, 14–17.30 Uhr).

Gegenüber stehen die (nicht zugängliche) romanische Kirche *São Salvador* und die Neue Kathedrale, **Sé Nova ❼**, die um 1600 als Kirche des Jesuitenkollegs errichtet wurde.

* Mosteiro de Santa Cruz ❽

Von der Sé Nova aus verzweigen sich die Gassen hinunter zum Mosteiro de Santa Cruz. Das Augustinerkloster, Stiftung und Grabstätte des ersten Königs von Portugal, Afonso Henriques, bedeckte einst ein viel größeres Areal und war in seinen Anfangszeiten kulturelles Zentrum des Landes und Sitz der Universität. Ab 1502 wurde das verfallende romanische Kloster im Auftrag Manuels I. von den besten Meistern der Manuelinik (Boytac, Chanterène und den Brüdern Castilho) erneuert. Aus dieser Zeit stammt die aufwändig skulptierte **Portalfassade* der Kirche (Eingangsbogen, 18. Jh.).

Der Innenraum besitzt spätgotische **Netzgewölbe* und weißblaue Azulejo-Wände (18. Jh.) Im Chor stehen sich die prächtigen ** *Wandgräber* der ersten Könige Portugals, Afonso Henriques und seines Sohnes *Sancho*, gegenüber, fein ziselierte, 12 m hohe Aufbauten, die der Meister aller manuelinischen Bildhauer, N. de Chanterène (s.S. 15), in 10-jähriger Arbeit schuf, ebenso wie die **Kanzel* mit reinen Renaissanceformen. Eine Rarität ist das manuelinische **Chorgestühl*, denn der größte Teil der Kircheneinrichtungen wurde von napoleonischen Soldaten zerstört.

** Alte Bibliothek

Neben dem manuelinischen Portal der *Universitätskirche* liegt das Säulenportal der Bibliothek (1716 bis 1728), einer Stiftung Joãos V., des Erbauers von Mafra (s. S. 45). Der schönste Barockraum Portugals leuchtet in Rot, Blau und Gold. Lackmalerei mit zartester Ornamentik überzieht Spitzpfeiler und Balustraden. Riesige illusionistische Deckenbilder bilden einen farbigen Himmel über reich dekorierten Gesimsen. Die Lesetische aus edelsten Brasilhölzern zieren Intarsien. In den saalhohen Regalen stehen 30 000 Bände, darunter 2000 Handschriften. (Zum Einlass Türklingel betätigen.)

Eine Oase spätbarocker Gartenkunst: der Parque de Santa Cruz

Über die *Sakristei* (Azulejos 18. Jh., * portugiesische Gemälde 16. Jh.) und den *Kapitelsaal* (Azulejos 17. Jh.) geht es zum * *Claustro do Silêncio.* Wie Taue sind die Streben der Maßwerkbögen verwunden.

Seite 55

Vom *Claustro de la Manga* hinter der Kirche steht noch die originelle * *Brunnenanlage* (1533). Brückenbögen verbinden den Kuppelpavillon im Wasserbecken mit vier Rundtürmen, in die sich die Mönche zur Kontemplation zurückzogen. Symbolisiert wird hier der Lebensbrunnen mit den vier Paradiesflüssen.

Gegenüber markiert der barocke Judenbrunnen *(Fonte dos Júdeus)* den Eingang zum ehemaligen Judenviertel. Nach dem 16. Jh. lebten viele zwangsgetaufte Juden (Marranen) in Coimbra, die das akademische Leben wesentlich mitprägten. Opfer der Inquisition konnten Marranen noch im 18. Jh. werden, wie der Dramatiker A. José da Silva, den man „O Júdeu" nannte. Nebenan liegt in der Rua P. da Rocha der ehemalige Inquisitionspalast.

Jenseits der Praça 8 de Maio beginnt die denkmalgeschützte **Rua da Sofia ❾**, deren Häuser und Kirchen ein einheitliches Ensemble des 16. Jhs. bilden.

Renaissancekanzel im Mosteiro de Santa Cruz

** Conímbriga – auf den Spuren der Römer

Auf dem Pflaster der römischen Legionsstraße, die Felicitas Julia (Lissabon) mit Bracara Augusta (Braga) verband, betritt auch der Besucher des 20. Jhs. Conímbriga. Den komfortablen Standard der römischen Siedlung demonstrieren prächtige * *Mosaikfußböden,* private Badeanlagen mit geheizten Pools, Fußbodenheizung und ein rekonstruierter Gartenhof mit Wasserspielen. Den verzweifelten Kampf gegen die germanischen Invasoren der Völkerwanderungszeit spiegelt der Verteidigungswall, der aus Bruchstücken schon zerstörter Gebäude errichtet wurde. Die Sueben versetzten der Stadt im 5. Jh. den Todesstoß. Im 6. Jh. wurde der Bischofssitz in das heutige Coimbra verlegt und die Stadt von den Bewohnern endgültig verlassen. Sehenswert ist auch das Museum (mit Restaurant) im Ausgrabungsgelände. – Anfahrt (16 km) per Auto oder Bus. Schöne Übernachtungsmöglichkeit in der *Pousada Santa Cristina,* 2 km entfernt in Condeixa-a-Nova.

Seite 55

Tipp Unterhalb der Achse Rua Visconde da Luz/Ferreira Borges liegt die **Praça do Comércio ⑩**. Zu Zeiten der Inquisition fanden dort Ketzerverbrennungen statt. Heute geben Cafés und Blumenstände, die romanische Kirche *São Tiago* (1064) und hübsche Fassaden des 17./18. Jhs. dem Zentrum der winkligen und geschäftigen Unterstadt seine besondere Atmosphäre.

In etwa dem Verlauf der alten Stadtmauer folgt der Weg von Santa Cruz am Markt vorbei durch die Grünanlagen der Avenida Sá da Bandeira zur **Praça da República ⑪** mit ihren Jugendstilfassaden und beliebten Studentencafés wie der **Cartola Esplanada.**

Ein schöner Ort zum Ausruhen ist der ***Parque de Santa Cruz ⑫**, der ehemals zum gleichnamigen Kloster gehörte. Die aus dem 18. Jh. stammenden Wege und Treppen mit kachelverkleideten Bänken und Brunnen waren früher den meditierenden Mönchen vorbehalten.

Nach Süden führt die Rua Alexandre Herculano zum parkähnlichen ***Jardim Botânico ⑬** (nur teilweise öffentlich). Der am Hang gelegene Botanische Garten ist der älteste Portugals (1772). Unter der kosmopolitischen Pflanzenkollektion befinden sich 40 Eukalyptusarten. Hier wurde die gute Eignung des tasmanischen *Eucalyptus globulus* für einheimische Böden festgestellt, der landesweit seinen Siegeszug als Forstnutzbaum Nr. 1 angetreten hat (s. S. 11).

Jenseits des Mondego

Westlich der Santa-Clara-Brücke biegt links die Rua de Baixo zu der halb im Ufersand versunkenen Ruine von **Santa Clara-a-Velha** ab. Nur auf Stegen kann man durch das gotische Kirchenschiff gehen. Als die alte Kirche nicht mehr zu retten war, bauten sich die Klarissinnen im 17. Jh. ein neues Kloster, **Santa Clara-a-Nova,** für das ein Platz hoch über dem Fluss gewählt wurde (dort schönes *Stadtpanorama).

Portugal im Miniformat

In der Nähe von Santa Clara-a-Velha liegt **Portugal dos Pequenitos,** ein Disneyland (aus der Salazarzeit) mit Miniaturkopien portugiesischer Architektur vom Bauernhaus bis zu Kolonialbauten.

Über die Rua António A. Gonçalvez kann man zur **Quinta das Lágrimas,** dem Haus der Tränen, spazieren (heute Vier-Sterne-Hotel). Dort soll die unglückliche Inês de Castro (s. S. 64) mit ihren Kindern gelebt haben und von den Häschern des Königs ermordet worden sein. Zugänglich ist der **Park* mit dem Liebesbrunnen (Fonte dos Amores).

Praktische Hinweise

Turismo: Largo da Portagem; Largo Dom Dinis; Praça da República.

Astória, Av. Emídio Navarro 21, ☎ 239 82 2055, FAX 239 82 2057. Schön restauriertes, altertümliches Hotel in zentraler Lage am Mondego. ($)
Residencial Antunes, R. Castro Matoso 8, ☎ FAX 239 83 8373. Ruhige Lage. ($)
Camping: Praça 25 de Abril.

Von Einheimischen frequentierte preiswerte Esslokale konzentrieren sich um die Praça do Comércio und Praça 8 de Maio, z. B. **Zé Manuel,** Beco do Forno 12, oder **Adega Paço do Conde** mit Holzkohlengrill unter alten Gewölben.

Den **Fado** von Coimbra bekommt man Fr und Sa in der **Bar** des **Hotel Oslo** oder im **Diligência,** sowie im Restaurant **O Trovador,** beide bei der Sé Velha, zu hören.

Studentenfeste: Eine Woche im Mai gehört den Studenten mit vielen Veranstaltungen rund um die Examensfeier, die *Queima das fitas.*

Route 1

1

Seite 62

Die klassische Kunstreise

*** Lissabon – ** Óbidos – * Nazaré – *** Alcobaça – *** Batalha – Fátima – * Tomar – *** Lissabon (345 km)

Diese Rundfahrt zu den kunstgeschichtlichen Highlights aus Mittelalter und manuelinischer Zeit – den Klosteranlagen von Alcobaça, Batalha und Tomar – lässt sich gut mit Abstechern zu den Badeorten an der Küste der Estremadura zwischen Ericeira und Nazaré verbinden. Auf der Route, in Lissabonner Reisebüros als Bustour zu buchen, liegt Fátima, die meistbesuchte Pilgerstätte der Iberischen Halbinsel.

Manuelinisches Fenster im Christusritter-Kloster in Tomar

Man fährt von Lissabon über die A 1 bis Vila Franca de Xira, dann über die N 1, N 366 nach Caldas da Rainha. Route 1 kann man auch mit dem Besuch von Sintra und Mafra (s. S. 40ff.) verbinden.

Das Keramikzentrum **Caldas da Rainha** ist auch Schwefelbad, seit König Manuels Schwester Léonor Ende des 15. Jhs. ihr Rheuma hier kurierte. Als Souvenir gibt es *Geschirr* im Kohlblatt-Design.

Spezialität von Caldas da Rainha: Keramik im Kohlblatt-Design

** Óbidos

Die N 8 führt durch eine bergige Landschaft in das denkmalgeschützte Städtchen Óbidos (s. S. 6), das als Freilichtmuseum herausgeputzt ist und in das in der Saison die Touristen busweise einfallen, um die blumengeschmückten weißen Häuser zu bewundern. Trotz der Kommerzialisierung ist der malerische Ort, geborgen in seinem Mauerring, wirklich sehenswert.

Man betritt den Ort durch ein Tor im Ring der Burganlage. Die von Souvenirläden gesäumte *Rua Direita* (Turismo) führt als Hauptachse von Tor zu

Fátima ist der meistbesuchte Pilgerort der Iberischen Halbinsel

1

Seite 62

Tor. An ihr liegt die Pfarrkirche *Santa Maria* (16. Jh., Azulejos des 17. Jhs.).

Am Ende der Rua Direita ragt das zu einer **Pousada** umgestaltete *Castelo* auf (Reservierung s. S. 21 oder ☏ 262 95 9105). Ferner gibt es hübsche Gästehäuser, teils in historischen Häusern.

Tipp Den perfekten Überblick über Óbidos gewährt ein **Stadtmauerrundgang** (Treppe bei der Burg).

In den Restaurants ist man ganz auf Touristen eingestellt. In schöner Umgebung speist man in der **Casa Ramirez** in der Rua Porta do Vale vor der Stadtmauer.

*Nazaré

Zurück in Caldas da Rainha, folgt man der N 8 nordwärts. Nach 12 km kann man zum Seebad *São Martinho do Porto* abzweigen und die Fahrt bis Nazaré entlang der Küste fortsetzen. Von der Halbinsel Peniche bis Figuera da Foz ist sie im Sommer ein einziger Badestrand.

In **Nazaré,** als pittoresker Fischerort berühmt geworden, sind die Fischer längst in der Minderzahl. Seit dem Bau des neuen Hafens ziehen sie die Boote nicht mehr mit Ochsen den Strand hinauf. Dieser ist inzwischen von bunten Badezelten besetzt. Zum alten Ortsteil *Sítio,* 110 m hoch auf der Klippe gelegen, führt eine Seilbahn *(Elevador)* hinauf (*Aussicht).

Vale Paraíso, Campingplatz an der EN 242.

Am Strand gibt es frischen Fisch, preiswert ist **A Tasquinha,** Rua Adrião Batalha 54.

***Alcobaça

Die riesige mittelalterliche Abtei und Grabstätte der ältesten Dynastie von Burgund ist eines der wichtigsten Baudenkmäler des Landes. Ihre Gründung geht auf König Afonso Henriques zurück, der dem Zisterzienserorden das Kloster nach dem Sieg über die Mauren bei Santarém 1147 gelobte. Das Kloster, 1222 fertig gestellt, wuchs zu einem der reichsten und bedeutendsten in Europa heran. Bis ins 18. Jh. war Alcobaça geistiges Zentrum des Landes. Durch jahrhundertelange Kultivierung schufen die 999 Mönche die fruchtbare Gartenlandschaft ringsum. Nach Erdbebenschäden und Plünderung durch die Franzosen im 19. Jh. wurden die letzten Altäre zu Brennholz zerhackt. Seit 1930 steht Alcobaça nach Restaurierung unter Denkmalschutz.

Im Tode vereint ...

Das Querhaus der Klosterkirche beherbergt die gotischen ** *Prunksarkophage* von Inês de Castro und König Pedro I. (s. S. 64). Das berühmte Liebespaar Portugals liegt sich hier auf Pedros Wunsch so gegenüber, dass „bei der Auferstehung jeder zuerst den anderen erblicke“.

220 m breit ist die Front der Anlage mit der im 18. Jh. barockisierten Fassade der gotischen Klosterkirche als Mittelpunkt. Der dreischiffige frühgotische ** **Innenraum** der Kirche ist nicht nur in den Ausmaßen (106 m lang, 20 m hoch, nur 17 m breit) ungewöhnlich. Er ist eines der Musterbeispiele für die asketische Schönheit französischer Zisterzienserbaukunst. Eindrucksvoll sind auch die Klostergebäude, insbesondere der * **Kreuzgang** (13. Jh., Obergeschoss manuelinisch 16. Jh.) mit gotischem Brunnenhaus, das **Refektorium** und die 18 m hohe * **Küche** mit riesigem Kamin und Fischwasserbecken.

Challet Fonte Nova (TH), Rua Fonte Nova, ☏ 262 59 88300, Fax 262 59 8430. Nostalgische Villa.

Kloster von Batalha: Denkmal für den Sieg über die Spanier 1385

Seite 63

Sieg über Spanien

Bei **Aljubarrota** fand 1385 die Schlacht gegen die Übermacht der Spanier statt. Mit dem glänzenden Sieg wurde die Unabhängigkeit Portugals (bis 1580) gesichert. Dem Ereignis wurde unweit des Schlachtfeldes ein Denkmal gesetzt: das Kloster Batalha (wörtl.: Schlacht).

Zur Stärkung nach dem Kunstgenuss laden mehrere Cafés und Snackbars gegenüber dem Kloster sowie der **Celeiro dos Frades** unter den Bögen der Nordseite.

*** Batalha

1388–1533 wurde an dem Kloster **Santa Maria da Vitória** gebaut. Es ist zugleich Grablege der königlichen Dynastie von Avis, deren Begründer der Sieger von Aljubarrota, João I., ein außerehelicher Sohn Pedros I., war. Er liegt in der Gründerkapelle (1435) zusammen mit seiner englischen Gattin Filipa de Lencastre und ihren Kindern, darunter Heinrich der Seefahrer, begraben.

Trotz langer Bauzeit und verschiedener Stileinflüsse (franz. u. engl. Gotik, Manuelinik) entstanden Architekturen von großer Schönheit: der feinstrahlig-lineare Wandaufbau des hohen, eleganten * *Kirchenraums*, großartig wie eine Kathedrale (88 m lang, 32 m hoch); die prächtige Sternkuppel über der * *Gründerkapelle* (1443); der *** *Kreuzgang* mit manuelinischen Dekor und Brunnenhaus; der ** *Kapitelsaal* mit einem kühnen, stützenlosen Gewölbe, das allen Erdbeben trotzte; schließlich die manuelinischen *** *Capelas Imperfeitas*. Über den als königliches Mausoleum konzipierten „Unvollendeten Kapellen" mit geradezu orientalischem Formenreichtum wölbt sich der Himmel.

Richtung Tomar kann man einen Abstecher über Porto de Mós zu den Tropfsteinhöhlen in **Mira de Aire** machen.

Fátima

Die weltberühmte Pilgerstätte ist eher ein Monument des Wunderglaubens als der Kunst. Dort wo am 13. Mai 1917 und an jedem weiteren 13. bis zum Oktober jenes Jahres drei Hirtenkinder eine Marienerscheinung hatten, befindet sich eine Wallfahrtskirche (1928) mit einem Vorplatz, der zur Bewältigung des Massenandrangs von Pilgern doppelt so groß ist wie der Petersplatz in Rom. Achtung: An den Gedenktagen gibt es Verkehrsstaus in der Umgebung.

Spezialität im **Tia Alice** gegenüber der Pfarrkirche: *borrego assado* (Lammbraten).

1

Seite 63

*Tomar

Die Kleinstadt Tomar am *Rio Nabão* mit einem Park am Flüsschen und sympathischer Altstadt erreicht man über die N 113. Über dem Ort thront der burgartige ***Konvent der Christusritter,** eines der großen Baudenkmäler des Landes. Seit 1159 hatten die Tempelritter hier ihren Sitz, die wesentlich zum Sieg über die Mauren bei Santarém beitrugen. Nach der Umwandlung in den Christusritter-Orden wurde die Burg zum Klosterschloss und im Auftrag der Könige verschönert. Kern der Anlage ist die 1160 von den Templern errichtete ***Rotunde*, ein Zeugnis aus der Zeit der Kreuzfahrer mit byzantini-

Alcobaça: die barocke Fassade verbirgt wundervolle Gotik

1
Seite 63

schen Stilelementen. Unter Manuel I. entstand der Kirchenanbau mit * *Hochchor* und * *Kapitelsaal*. Berühmt ist die ** *Außenfassade* des Hochchors mit dem bizarrsten aller manuelinischen Fenster (s. S. 59), um das sich Takelwerk, Schwimmkorken, Muscheln und Tang schlingen. Die Strebepfeiler ähneln Baumstämmen oder Korallenstöcken, die ein steinerner Gürtel mit Riesenschnalle zusammenhält. Bekrönt werden sie von Armillarsphären und dem Christusritter-Kreuz. Die Namen der Meister sind wie bei allen großen Manuel-Bauten Boytac, Castilho und Arruda.

Unter Manuels Sohn João I. wurde der Ritterorden in einen Mönchsorden umgewandelt und ein neues Kloster gebaut. Schönster Teil ist der ** *Kreuzgang dos Filipes*, ein Renaissancehof von purem Wohlklang, wie es auf der Iberischen Halbinsel keinen zweiten gibt (Baumeister: Torralva, Terzi).

i Rua Serpa Pinto 1. Auskünfte über die Unterkunftsmöglichkeiten in der Umgebung.

Eine erholsame Bleibe liegt außerhalb: **Quinta do Valle** (TH) in Guerreira, 7 km südl. von Tomar, ☎ FAX 249 38 1165. ($)

Die Christusritter

Das päpstliche Verbot des mächtigen Templerordens (1314) hob König Dinis für sein Land durch die nominelle Umwandlung in den Christusritter-Orden auf, der fortan direkt vom Königshaus kontrolliert wurde. Großmeister war der König oder einer der Prinzen, darunter Heinrich der Seefahrer und König Manuel I. Die Aufgaben des Ritterordens weiteten sich im Zeitalter der Entdeckungen zunehmend aus. Der Orden verwaltete die überseeischen Provinzen und wurde zum reichsten Orden der Christenheit. Das rote Kreuz der Christusritter war ein Emblem der Manuelszeit und prangte auf den Segeln der Karavellen.

Casinha d'Avó Bia, Rua Dr. J. Jacinto 16. Nettes Kellerlokal, der Wirt spricht deutsch. ($)
A Bela Vista, bei der Steinbrücke. Gastgarten mit Glyzinienlaube. ($)

Von Tomar gelangt man über *Entroncamento* auf die Autobahn nach Lissabon. Anschluss an Route 4 (in umgekehrter Richtung) möglich.

Portugiesische Love-Story

Die Liebesromanze von Inês und Pedro ist durch ihre Aufzeichnung in den *Lusiaden* von *Camões* unsterblich geworden. Sie begann 1328, als sich Kronprinz Pedro nicht in die für ihn erwählte kastilische Gemahlin Constança verliebte, sondern in deren Hofdame Inês. Die Liebe war gegenseitig, und als Constança früh verstarb, bestätigte der Prinz offiziell seine Liaison mit der Spanierin, die ihm zwei Söhne geboren hatte. Pedros Vater aber, König Afonso IV., widersetzte sich der Verbindung aus Angst vor möglichen kastilischen Ansprüchen auf den Thron und ließ Inês zusammen mit ihren Kindern auf dem Landsitz in Coimbra, der seither Quinta das Lágrimas, Haus der Tränen, heißt, von gedungenen Mördern erdolchen. Als der König zwei Jahre später starb, war Pedros Rache fürchterlich. Den Mördern ließ er bei lebendigem Leibe das Herz herausreißen. Der Leichnam seiner geliebten Inês wurde exhumiert und königlich bekleidet auf einen Thron in der Kathedrale von Coimbra gesetzt. Die Würdenträger des Landes mussten mit einem Handkuss der Toten huldigen. Dann wurde sie in einem Fackelzug nach Alcobaça überführt.

Route 2

Kontraste am Atlantik

*** Lissabon – * Serra da Arrábida – Setúbal – Sines – * Sagres – * Lagos – Faro (490 km)

2

Seite 69

Sonnengarantie und herrliche Strände locken in der Algarve

Die weite Landschaft des Alentejo ist die am dünnsten besiedelte Region Portugals, seit der Römerzeit das Land der großen Latifundien mit ausgedehnten Kornfeldern, Korkeichen-, Wein- und Ölbaumplantagen. Während der Nelkenrevolution wurden hier über tausend Großgrundbesitzer enteignet und Agrarkollektive gegründet. Doch es blieb bei der Hoffnung auf Veränderung. Heute ist wieder fast alles beim alten, und die Arbeitslosenrate die höchste von ganz Portugal.

In Sines liegen die kleinen Fischerboote neben dicken Pötten

Groß ist der Kontrast zwischen dem menschenleeren Binnenland und der kleinen Küstenprovinz Algarve, der Hochburg des portugiesischen Tourismus, die zwei Drittel der Portugal-Urlauber ansteuern und wo die Verbauung der schönen Küste teils beängstigende Ausmaße angenommen hat.

Der Name ist arabisch. Al-Gharb, „der Westen", hieß die Küstenregion, die die Mauren 500 Jahre lang, bis 1250, beherrschten. O Algarve, „der" Algarve, sagen auch die Portugiesen. Im Deutschen hat sich „die" Algarve eingebürgert. Knapp 200 km Küste gliedern sich in Barlavento, die Felsalgarve westlich von Faro, und den flachen Sotavento, die Sand-Algarve im Osten.

Etwa alle acht Jahre können die Korkeichen geschält werden

Die Route führt über die Halbinsel von Setúbal und folgt dann in etwa der alentejanischen Atlantikküste, *Costa Azul* (Blaue Küste), deren Reiz im Wechsel von flachen Stränden und

Seite 69

Steilküsten liegt. Von Sagres geht es entlang der Algarveküste bis Faro.

(Der *schnellste Weg* in die Algarve führt von Lissabon über die Autobahn nach Setúbal, von dort über Alcácer do Sal nach Grândola. Südwärts schließt die Schnellstraße IP1 an, die bei Albufeira die Küste erreicht; ges. 310 km.)

Die Halbinsel von Setúbal

Man verlässt Lissabon über den *Ponte 25 de Abril. Die erste Ausfahrt nach der Brücke führt rechts zur ***Costa da Caparica,** dem 20 km langen Volksbadestrand der Lissabonner. Etwa 11 km nach der Brücke zweigt man von der Autobahn ab auf die N 378 bis Santana. Von hier erreicht man die Küste bei *Sesimbra,* einem zum lärmenden Badeort mutierten Fischerstädtchen. In Santana empfiehlt sich ein Abstecher zum einsamen, felsigen Hochplateau *Cabo Espichel* an der Westspitze der Halbinsel von Setúbal (**Aussicht).

Von Santana führt die N 379 bis Aldeia dos Irmãos, wo die N 379-1 zur dicht begrünten, steil ins Meer abfallenden ***Serra da Arrábida** abzweigt. Der Höhenzug ist ein zum Teil für Besucher gesperrtes Naturschutzgebiet mit ungewöhnlicher Flora und markierten Wanderwegen. Die Küstenfahrt nach Setúbal ist landschaftlich besonders reizvoll (zum Baden: *Portinho da Arrábida*). Im Rücken der Serra da Arrábida durchquert die N 379 **Azeitão,** in dessen Umgebung die Trauben für den Muscatel von Setúbal heranreifen.

Tipp: Die altehrwürdige Weinkellerei **J. M. da Fonseca** in Vila Nogueira de Azeitão stellt einige der besten Weine Portugals her (Führungen Mo–Fr 9–12, 14–17 Uhr).

Am Ortsende von Vila Fresca de Azeitão liegt in einem Park die **Quinta das Torres* aus dem 16. Jh., in der man auch wohnen und in einem Saal unter italienischen Azulejos aus der Renaissance speisen kann (Estalagem, ☎ 21 218 0001).

*Quinta da Bacalhoa

Historisch interessant wegen der seltenen Azulejos aus dem 16. Jh. ist die *Quinta da Bacalhoa* in Vila Fresca de Azeitão (unweit der N 10, gegenüber vom Busbahnhof). Der schlichte Renaissance-Bau mit exotischen Kuppeln und Gartenterrassen erinnert an maurische Gartenpaläste. Besichtigen kann man die *Gärten (Privatbesitz). Im Gartenkasino sind besonders schöne **Azulejos* zu sehen, teils in islamisch-geometrischen Mustern, teils mit szenischen Darstellungen im Stil der italienischen Renaissance. Gärten Mo–Sa 13–17 Uhr.

Setúbal

Die N 10 führt durch die bergige Landschaft zur drittgrößten Hafen- und Industriestadt (100 000 Einw.). Zu einem Bummel lädt der schöne **Altstadtkern** ein, den die breite Avenida Luísa Todi vom Hafenbereich trennt.

Die wichtigsten Sehenswürdigkeiten, die **Igreja de Jesús* vom Ende des 15. Jhs., der älteste Bau mit manuelinischen Stilelementen (tauartig gedrehte Säulen, Chorfenster) und das *Museu da Cidade* (u. a. Altartafeln um 1500 aus der Jesús-Kirche) im angrenzenden Klostergebäude liegen jenseits der *Avenida 22 de Dezembro.*

i Büro des *Turismo,* Largo do Corpo Santo. Infos zu Arrábida: Travessa Frei Gaspar.

Pousada de São Filipe, ☎ 265 52 3844, Reservierung s. S. 21. Pousada im Kastell von Setúbal in schöner Lage direkt am Meer. $$

Nach Setúbal fahren die Lissabonner am Wochenende gerne zum Fischessen. Gute Lokale finden sich an der Av. Luísa Todi, z. B. **Casa do Chico,** Nr. 490.

Von Setúbal an die Algarve

Mit der Fähre gelangt man von Setúbal auf die Halbinsel **Tróia** (Sandstrände, aber viel Beton). Über *Cetóbriga* (römische Ruinen) geht es weiter nach *Comporta* (nach Süden hin auf ca. 30 km kleine, einsame Strände). Hier zweigt die N 253 Richtung Alcácer do Sal ab; sie verläuft am Delta des *Rio Sado* entlang (Vogelschutzgebiet mit seltenen Wasservögeln). Dort wird Salz gewonnen und Reis angebaut. Die Felder des größten portugiesischen Reisanbaugebiets liegen teils unter Meeresniveau und werden über ein Kanalsystem mit Wasser aus Stauseen versorgt.

* **Alcácer do Sal,** die „Salzburg", thront herrschaftlich über dem Sadotal. Die Burgfestung, seit dem 8. Jh. in maurischer Hand, 1217 von den Christen erobert, wurde im Mittelalter durch das Salzmonopol und das Stapelrecht für Getreide aus dem Alentejo reich.

Den Hang mit der schläfrigen Altstadt beherrscht immer noch die *Burg* (Pousada, Reservierung s. S. 21). Ein Wahrzeichen sind die Storchennester auf den weißen Kirchtürmen.

Die N 120 führt durch die Pinienwälder des Sadobeckens nach **Grândola**. Das eher reizlose Landstädtchen, Zentrum der Korkproduktion, wurde durch ein von der Salazar-Zensur verbotenes Protestlied, „Grândola – Vila Morena", berühmt. Seine Ausstrahlung im Rundfunk war 1974 das verabredete Startzeichen für die Nelkenrevolution. – Die Schnellstraße nach Sines umgeht Grândola. Kurviger, aber landschaftlich reizvoller ist die alte Landstraße über Santa Margarida da Serra nach **Santiago do Cacém** mit den Ruinen der Ritterordensburg (* Blick bis zur Küste) und gut erhaltenen barocken Herrenhäusern in der Altstadt.

Pousada de São Tiago, ☎ 269 2 2459, Reservierung s. S. 21. In der von Efeu umrankten Pousada in der Altstadt kann man erholsam logieren.

Warum nicht ein Kirchturm für Freund Adebar als Nistplatz

Reisfelder prägen die Landschaft am Unterlauf des Rio Sado

Im Sommer kann's an Albufeiras Strand eng werden

2

Seite 69

2

Seite 69

Zu besichtigen sind die Ausgrabungen (2 km entfernt) der keltisch-römischen Siedlung * *Miróbriga* (◷ Di–So 9–12, 13.30–17 Uhr) und das * *Museu Regional* (◷ So–Do 10–12.30, 14–17.30 Uhr), das über die Korkverarbeitung und das Alltagsleben im Alentejo informiert.

Die großen Ölraffinerien prägen die Silhouette von **Sines.** Der alte Ortskern liegt über dem früheren Fischerhafen auf hohen Klippen. Dort wurde 1460 Vasco da Gama, Entdecker des Seewegs nach Indien, geboren. Schöne Badeplätze mit teilweise wenig attraktiver Bebauung bieten **Praia de Galé** (⚠ mit Schwimmbad), **Melides** und **Santo André** (Binnensee zum Surfen, Strandritte beim *Centro Equestre*) im Norden sowie **Porto Covo** im Süden.

Badeperlen

Das Schmuckstück der Alentejoküste ist * **Vila Nova de Milfontes.** Die landschaftlich schönen Badebuchten weiter südlich, etwa bei * **Zambujeira** und * **Odeceixe,** haben sich als Tipp bei Alternativreisenden herumgesprochen.

Durch alte Städtchen wie *Odemira* und *Aljezur* folgt man der N 120 südwärts, dann der N 268 über Vila do Bispo zur Südwestspitze Europas bei * **Sagres.** Hier soll sich innerhalb der ehemaligen Festung die legendäre Nautikschule *Heinrichs des Seefahrers* befunden haben. Als Beweis gilt die in das Felsplateau gemeißelte steinerne Windrose.

Tipp Im Nordwesten von Sagres liegt am „Ende der Welt“ das sagenumwobene ** **Cabo de São Vicente**. Hier bietet sich ein atemberaubender Blick über die Steilküste (60 m).

Die Atlantikküste zwischen Sagres und Lagos ist zwar touristisch erschlossen, aber nicht völlig zugebaut. Hier gibt es noch stillere Strände, zu denen von der N 125 kleine Stichstraßen führen.

* Lagos

Die alte Hafenstadt war einst das Zentrum der Küste, Umschlagplatz für Waren und Sklaven aus Afrika. Unter den Arkaden der Casa da Alfândega an der Praça da República wurden 1443 die ersten schwarzen Sklaven versteigert. Hier nahmen die ersten Entdeckungsfahrten und der Feldzug König Sebastiãos nach Marokko (s. S. 16) ihren Ausgang. Dem Erdbeben von 1755 widerstand außer der weitläufigen Festungsmauer die barocke Kirche * Santo António (17. Jh.) mit ihrer prächtigen, goldglänzenden *Talha*-Ausstattung.

Tipp Zu Recht berühmt sind die Fels- und Sandstrände bei Lagos: * *Meia Praia,* * *Praia Dona Ana,* ** *Ponta da Piedade.*

i Büro des *Turismo,* Largo Marquês de Pombal. Infos zur Westalgarve.

Casa de São Gonçalo, Rua Cândido dos Reis 73, ☎ 282 76 2171. Stille Villa des 18. Jhs. im Zentrum. ($)

Pensão Mar Azul, Rua 25 de Abril 13, ☎ 282 76 9749. Einfach, zentral. ($)

Man verlässt Lagos auf der N 125. In *Odiáxere* lohnt ein Abstecher durch reizvolle Landschaft über die N 125-9 zum Stausee *Bravura* (Wassersport). Zu den landschaftlich sehr schönen Stränden * **Montes de Alvor,** * **Alvor** und * **Praia dos Três Irmãos** geht es 9 km hinter Odiáxere rechts ab.

Portimão

Die N 125 führt in die Industrie- und Hafenstadt an der Mündungsbucht des Rio Arade. Sie ist nach Faro die wirtschaftlich wichtigste Stadt der Algarve. Die Küste zwischen Portimão und Faro ist der Brennpunkt des Algarve-Tourismus. 2 km südlich liegt der schöne, 1,5 km lange Strand **Praia da Rocha** mit bizarr geformten Felsblöcken, hinter dem sich eine touristische Boomtown entwickelt hat.

Das Hinterland

25 km landeinwärts geht es in die * **Serra de Monchique,** berühmt für ihre Vegetation, deren Vielfalt durch Waldbrände und Eukalyptuskulturen reduziert wurde. *Caldas de Monchique* ist ein hübsches Thermalbad (nur im Sommer geöffnet) 7 km vor dem malerisch in 445 m Höhe am Hang gelegenen Hauptort *Monchique*. Hier gibt es be-

Cabo de São Vicente

2
Seite 69

sonders guten *Medronho*, Schnaps aus den Früchten des Erdbeerbaumes. Der höchste Punkt der Serra, der Fóia-Gipfel (902 m), liegt 8 km entfernt.

Bei der Rückfahrt biegt man vor Porto de Lagos ab nach ***Silves.** Das verschlafene Städtchen war unter dem Namen *Xelb* die prächtige Hauptstadt des maurischen Al-Gharb. Daran erinnern die *Burganlage* und das *Museum*, das einzige, das in Portugal die arabische Epoche würdigt. Die gotische *Kathedrale* wurde nach der Eroberung der Stadt durch die Portugiesen im 13. Jh. erbaut.

Ein angenehmer Ort zum einkehren ist das **Café Ingles** unterhalb der Burg.

Die N 124-1 verbindet Silves über Lagoa mit der Küstenstraße. Zwischen *Carvoeiro* und *Armação de Pêra* liegen an der Steilküste viele kleine Buchten. Schön ist der lange Sandstrand von Armação d. P., der sich 6 km in Richtung Albufeira erstreckt. Dahinter allerdings wuchern Betonburgen.

Von Albufeira bis Faro

Albufeira nennt sich gern das Saint-Tropez der Algarve mit tausend Kneipen, Boutiquen und Diskotheken. Vom Fischerdorf hat sich ein schmucker alter Ortskern erhalten, dessen weiße Häuser in Terrassen die Steilküste hinaufklettern. Der Strand von Albufeira ist im Sommer regelmäßig überfüllt. Eine gute Ausweichmöglichkeit bietet die **Praia da Falésia** (8 km östlich).

Büro des *Turismo*, Rua 5 de Outubro. Auch Informationen zu Unterkünften.

Montechoro, Anlage 3,3 km nördlich, ☏ 282 58 9423, FAX 282 58 9947. $$

Auramar, Praia dos Aveiros, in Ortsnähe. ☏ 282 58 76 07, FAX 282 51 3327. Familienfreundliche Apartments. $$

Jardim d'Allah, Beco J. B. de Sousa, ☏ 282 5 2296. Romantischer Innenhof. $$

La Cigale, Praia de Olhos de Agua, ☏ 282 50 1637. Fisch und andere Meerestiere, am Strand serviert. $$

Vilamoura ist eine Ferienstadt mit einem der größten Jachthäfen Europas, Golfplätzen und der heißesten In-Disko der Algarve: *Kadock*.

Noch exklusiver als Vilamoura sind das südöstlich gelegene ***Vale do Lobo** und ***Quinta do Lago** mit den schönsten der beinahe zwei Dutzend Algarve-Golfplätze.

Ostwärts erreicht man auf der Küstenstraße die Distrikthauptstadt ***Faro** (52 000 Einw.). Inmitten der Fischerei- und Industriestadt hat sich hinter den alten Stadtmauern der hübsche ** *Altstadtkern* rund um die Kathedrale erhalten (Parkplatz Largo São Francisco). Die Rua de Sto. António ist eine angenehme Fußgängerzone. Sehenswert sind die ** *Carmokirche* (18. Jh.; *talha dourada*) und drei *Museen: *Museo Archeológico, Museo Marítimo* (lokaler Fischfang) und das *Museo Etnográfico* (traditionelles Algarve-Leben). (🕓 jeweils Mo–Fr 9–12, 14–17 Uhr.)

Büro des *Turismo*, Rua da Misericórdia (neben dem Arco de Vila); Flughafen.

✈ Flughafen 7 km außerhalb.

Eva, Av. da República 1, ☏ 289 80 33 54, FAX 289 80 2304. Hafenblick, mit Pool. $$

Residencial Oceano, Trav. Ivens 21–1°, ☏ 289 80 5591. Freundlich und billig; in der Nähe der Fußgängerzone. $

Camping Câmara Municipal (auf der Landzunge, Faros Badestrand).

A Taska, Rua do Alportel 38. Kleines, uriges Restaurant für regionale Küche. $

Tipp Zwischen Faro und Tavira erstreckt sich eine ausgedehnte Hafflandschaft mit dem Naturpark **Ria Formosa** vor Faro und den einsamsten Stränden der Algarve auf den Ilhas von Culatra, Armona und Tavira.

Route 3

Weiße Städte, weites Land

* Faro – Vila Real de Santo António –
* Mertola – Beja – * Serpa –
* Moura – *** Évora (420 km)

Ein Stück weit begleiten noch die Strände und der Lagunensaum der Sandalgarve die Route, bevor es an der portugiesisch-spanischen Grenze entlang nach Norden geht. Am Weg liegen Bilderbuch-Städtchen des Alentejo, deren weiße Häuserwürfel von trutzigen Burgen überragt werden. Dazwischen herrscht über viele Kilometer Einsamkeit. Trotz des malerischen Eindrucks: Das Leben im kargen Grenzland ist geprägt von Armut und Landflucht, die durch Trockenheit und von der EU verordnete Flächenstilllegungen dramatische Ausmaße angenommen hat. Höhepunkt der Fahrt ist Évora, Hauptstadt und Perle des Alentejo, die in die Liste der Weltkulturdenkmäler aufgenommen wurde.

Malerische Gärten umgeben den Palácio de Estói

3

Seite 69

Die Ostalgarve

Von Faro fährt man auf der N2 9 km bis zur Abzweigung nach **Estói**. Hier liegt der *Palácio de Estói*, eine der wenigen großen Quintas des Südens (18. Jh.). Zu besichtigen sind die * *Gartenanlagen* mit Statuen, Azulejos und römischen Mosaiken aus den Ausgrabungen von * *Milreu*.

Noch liegt eine träumerische Ruhe über Tavira

Olhão

Olhão (15 000 Einw.) ist kein Badeort, sondern Fischereihafen. Das Bild des * *Fischerviertels* bestimmen die kasbahartigen Häuserkuben mit ihren durchbrochenen Kaminen (18./19. Jh.).

Strand in Vila Real de Sto António

Tipp Im Hafenbereich gibt es einen großen **Fischmarkt*. An der Rua 5 de Outubro servieren gute Restaurants fangfrischen Fisch.

i **Quinta de Marim,** Schutzgebiet Ria Formosa (s. S. 70, Lehrpfad); ☎ 289 70 4134.

Fähren während der Saison zu den vorgelagerten Badeinseln.

3

Seite 69

*Tavira

Durch grüne Felder mit Mandel- und Johannisbrotbäumen nähert man sich auf der N 125 dem pastellfarbenen Städtchen mit dem malerisch-morbiden Ortsbild. Tavira am *Rio Gilão* liegt seit der Versandung des Hafens im Dornröschenschlaf. Vom offenen Meer ist der Ort durch die sandige Landzunge *Ilha de Tavira* getrennt (Badestrand, ⚠, Pendelverkehr zur Fährstation *Quatro Aguas* im Sommer, 2 km außerhalb.)

i Büro des *Turismo,* Rua da Galeria 9. Infos zur Umgebung und Unterkünften.

Die Fischlokale am Fluss sind ziemlich touristisch, typische Restaurants wie **O Manél** und **Pátio** findet man dagegen in den Gassen auf der Ostseite des Gilão.

Vila Real de Santo António

An der Strecke nach Vila Real d. S. A. liegen an feinen Sandstränden mehrere Feriensiedlungen wie **Cabanas** und **Manta Rota. Monte Gordo** ist das größte Tourismuszentrum der Region.

Vila Real de Santo António (13 500 Einw.), Grenzstadt am Guadiana, lebt von der Fischverarbeitung und dem kleinen Grenzverkehr mit Spanien. Die Rasteranlage der Innenstadt entstand nach dem Erdbeben von 1755. Seit 1991 verbindet eine Brücke den Ort mit der spanischen Flussseite.

Tipp **Ausflugsboote** auf dem Guadiana fahren vom Hafen aus bis Alcoutim. Flussfahrten: Rio Sul in Monte Gordo, ☎ 281 4 4077.

Flamingos und Störche

Zwischen Castro Marim und Vila Real erstreckt sich der Naturpark des Feuchtgebiets *Sapal de Castro Marim,* Heimat vieler Watvögel, vor allem Reiher und Störche, und Durchzugsgebiet für Flamingoschwärme.

Castro Marim

Rund um die stille ehemalige Grenzfestung Castro Marim mit der **Christusritter-Burg* aus dem 14. Jh. ziehen sich Salzgärten bis zum Horizont. Die N 122 führt nordwärts durch die einsame Hügellandschaft der Ostalgarve. Die dünn besiedelten Berge und das Tal des Rio Guadiana, z. B. bei *Alcoutim, Foz de Odeleite* oder *Almada de Ouro,* eigenen sich auch zum Wandern.

Ins Herz des Alentejo

Die N 122 schlängelt sich am Guadiana entlang und erreicht nach 70 km das schmucke weiße Städtchen ***Mértola.** Terrassenförmig schmiegt es sich an den Hang unterhalb der Burg, an deren

*** Évora – Perle des Alentejo

Die größte und schönste Stadt des Alentejo wurde von der UNESCO 1986 zum Weltkulturdenkmal erklärt. Trotzdem wirkt die Provinzhauptstadt (45 000 Einw.) nicht museal, sondern höchst lebendig. Das Gassenlabyrinth sollte man unbedingt zu Fuß erkunden und das Auto lässt man am besten auf einem der Parkplätze außerhalb der Stadtmauer stehen.

Römer, Mauren und die portugiesischen Könige des Mittelalters prägten die Stadt. Im 16. Jh. entwickelte sich eine lokale Spielart der Renaissance. Wer die Stadt mit ihren 30 Kirchen und Klöstern und edlen Palästen kennen lernen will, braucht mehr als einen Tag.

Platz schon ein Römerkastell stand. Die schneeweiße **Pfarrkirche* ist eine ehemalige maurische Moschee. Die vielen Säulen des Innenraums zieren spätrömische und islamische Kapitelle.

Diana-Tempel in Évora

Beja

Durch hügelige Landschaft führt die N 122 nach Beja. Die in einer weiten Ebene liegende zweitgrößte Stadt des Alentejo und Zentrum der Weizenregion enthüllt ihre Reize erst nach Durchquerung der Neustadt. Als Pax Julia war Beja eine wichtige Stadt des römischen Lusitanien; die Westgoten machten sie zum Bischofssitz. Die Burganlage mit dem hohen Bergfried geht bis in die Römerzeit zurück. Sehenswert ist das **Museu Regional* im gotisch-manuelinischen *Kloster da Conceição* (u. a. *Azulejo-Wände, 16. Jh.). Die Kirche *Santo Amaro* stammt aus westgotischer Zeit (**Museum*).

3

Seite 69

Praça do Giraldo in Évora

Büro des *Turismo*, Rua Capitão J. F. de Sousa 25.

Pousada im Kloster São Francisco. ☏ 284 32 8441, Reservierung s. S. 21. ($)

Einen Stadtrundgang beginnt man am besten an der ***Praça do Giraldo.** Auf dem Arkadenplatz mit der Kirche Santo Antão (16. Jh.) wurden bis 1821 Opfer der Inquisition hingerichtet. Im *Café Arcadia* beim Renaissance-Brunnen kann man sich auf Évora einstimmen. Die schmale *Rua 5 de Outubro* führt nach Norden zur ***Sé.** Die Kathedrale, ab 1186 im Übergangsstil von der Romanik zur Gotik errichtet, zählt zu den eindrucksvollsten mittelalterlichen Bischofskirchen in ganz Portugal. Schön ist ihr gotischer *Kreuzgang* (14. Jh.), sehenswert das **Museu de Arte Sacra* und das **Museu Regional* im Bischofspalast.

Nördlich der Sé steht auf hohem Sockel der ***Dianatempel** mit 14 korinthischen Granitsäulen, der einzige gut erhaltene Römertempel im Land. Nach Jahrhunderten der Zweckentfremdung, u. a. als Schlachthaus, wurden die antiken Bauteile vor Ende des 19. Jhs. freigelegt. Am Platz verbirgt sich hinter massigen Mauern die ***Pousada dos Lóios** in einem spätgotisch-manuelinischen Kloster. Weitere Highlights in der Stadt sind der schöne ***Largo das Portas de Moura** (*Renaissancebrunnen mit Erdkugel; **Casa Cordovil* in manuelinisch-maurischem Mischstil), die gotische Kirche ***São Francisco** am Stadtpark mit dem Beinhaus und die ***Galeria das Damas** des Manuel-Palasts.

Praktische Hinweise s. S. 74

*Serpa und *Moura

Über die N 260 erreicht man nach 29 km **Serpa,** das typische weiße Alentejo-Städtchen in burgbekrönter Hügellage, in dem die Zeit still zu stehen scheint (gotische Kirchen *Santa Maria* und *Santo António, Stadtmauer*).

Preiswert und hübsch übernachtet man in der **Casa da Muralha** an der Stadtmauer.

40 km weiter (N 255) duckt sich das Städtchen **Moura** unterhalb der Maurenburg. Gut erhalten ist das Maurenviertel mit einstöckigen Häuserzeilen und hohen Kaminen. Im Norden von Moura entsteht mit dem Alqueva-Damm der größte Stausee Europas.

3

Seite 69

*Monsaraz

Über die N 386/385 fährt man bis *Mourão* an der N 256 und von dort über eine einsame Nebenstraße hinauf nach **Monsaraz,** der Grenzfestung der Tempelritter hoch über der Guadiana-Ebene. Der autofreie Bilderbuchort besticht mit seinen weiß gekalkten Häusern und atemberaubender Weitsicht.

Pension **Dom Nuno; Estalagem,** unterhalb des Burgbergs; Landhotel **Horta da Moura,** 4 km Richtung Mourão).

Über Reguengos de Monsaraz nähert man sich auf der N 256 dem Höhepunkt der Route:

******Évora.*** Beschreibung s. S. 72.

Büro des *Turismo*, Praça do Giraldo. Auskünfte zu Stadtführungen etc.

Pousada dos Lóios, Largo Conde de Flor, ☎ 266 2 4051, FAX 266 2 7248. Die schönste Pousada; in einem alten Kloster. $$
Policarpo, Rua Conde Serra da Tourega, ☎ 266 2 2424, FAX 266 2 2464. Alte Mauern mit Charme. $–$$

Guião, Rua da República 81, ☎ 266 2 3071. Renommierte alentejanische Küche. $$

Route 4

Burgen, Pferde, Cowboys

***Estremoz – Portalegre – **Marvão – **Castelo de Vide – Vila Franca de Xira – ***Lissabon (370 km)**

Schnurgerade führt die Landstraße von Estremoz über flachwelliges Bauernland nach Norden in den Alto Alentejo, und die Burgen von Marvão und Castelo de Vide geben eindrucksvolles Zeugnis ihrer strategischen Bedeutung als Wächter gegen Spanien. Zurück nach Lissabon geht es über die Provinz Ribatejo am großen Strom, durch das Land der portugiesischen Cowboys, wo Stier- und Pferdezucht und der portugiesische Stierkampf eine lange Tradition haben.

Alto Alentejo

***Estremoz** besaß im Mittelalter eine der wichtigsten Burgen des Alentejo. Erhalten ist der massige, hohe Bergfried (13. Jh.) in der Oberstadt (herrliches **Panorama).

Tipp Den Eingang zur Unterstadt bildet der riesige Marktplatz *(Rossio)*, wo samstags u. a. die für die Region typischen Tonfiguren *(bonecos)* sowie Tongeschirr angeboten werden. Treffpunkte sind das **Café Alentejano** und das Restaurant **Aguias d'Ouro.**

*Vila Viçosa

Der Ort (18 km östlich von Estremoz) ist bekannt für seine Marmorsteinbrüche und den *Palast der Herzöge von Bragança* – ein Wallfahrtsort für Königstreue (Führungen). Wahrzeichen ist das manuelinische *Knotentor (Porta dos Nós)*.

In der Burg lädt heute die **Pousada Rainha Santa Isabel** zu fürstlicher Übernachtung ein (☏ 268 33 2075, Reservierung s. S. 21, $$). Über dem Zimmer, in dem die Königin Santa Isabel 1336 starb, liegt eine barocke Gedenkkapelle.

Portugals Kornkammer: der Alto Alentejo

Von Estremoz führt die N 4 ostwärts über * *Elvas*, ein schmuckes Städtchen mit imponierenden Mauern und großem Aquädukt, zur Landesgrenze und westwärts nach Lissabon.

Schnurgerade über einsame Hügelwellen zieht sich die E 802/N 245 über Sousel und * *Alter do Chão* mit einem berühmten Gestüt *(Coudelaría)*, wo seit 1748 Lusitanerhengste gezüchtet werden. In Crato biegt man ab nach **Portalegre** am Fuß der Serra de São Mamede. Die Distrikthauptstadt hat eine nette Altstadt in Hügellage und eine von Pombal gegründete Teppichmanufaktur.

Marvão war einst bedeutende Grenzfeste zu Spanien

Nordöstlich von Portalegre gelangt man auf kurviger Strecke in die zum Naturpark erklärte * **Serra de São Mamede,** wo sogar noch ein paar Bären hausen sollen. Der Gesamteindruck ist idyllisch: traditionell bewirtschaftetes Bauernland mit kleinen Äckern und Weiden zwischen Kastanienwäldern.

Região de Turismo, Portalegre, Estrada de Santana; Infomaterial zur Region.

In Serpentinen schlängelt sich die N 359 hinauf nach ** **Marvão**, der gewaltigen ehemaligen Grenzfestung auf 865 m Höhe mit spektakulärem 360°-Panorama über die Serra de Marvão bis nach Spanien. Der hübsch gepflegte Ort unterhalb der Burg hat sein historisches Aussehen konserviert.

Unterkunft in Gästehäusern und in der **Pousada Santa Maria** in schöner Lage am Ortseingang (☏ 245 9 3201, Reservierung s. S. 21, $).

Castelo de Vide: in seinen Gassen scheint die Zeit still zu stehen

4
Seite 63

** Castelo de Vide

Von Marvão geht es nach Castelo de Vide mit perfekt erhaltenem, burgbekröntem Stadtbild. Von der zentralen *Praça Dom Pedro V* gelangt man an der Kirche vorbei zu einem malerischen Platz mit überdachtem Brunnen, *Fonte da Vila* (16. Jh.), und weiter zur *Judiaría*, dem ehemaligen Judenviertel mit der ältesten *Synagoge* in Portugal, einem schlichten Bau des 14. Jh. Der Weg endet am *Castelo*, hier öffnet sich ein schöner ** Rundblick. Turismo*-Büro: Rua Bartolomeu Alvares de Santa 81.

4

Seite 63

Durch den Ribatejo

Die N 118 führt durch Eukalyptuswälder, denen jahrhundertealte Olivenhaine weichen mussten. In Rossio zweigt die N 3 nach **Abrantes** (* *Altstadt*) am anderen Tejo-Ufer ab. Die N 118 folgt dem Südufer durch die weißen Straßendörfer des Ribatejo, der Provinz am großen Strom. Am hübschesten sind **Chamusca** (Weingegend) und **Alpiarça,** wo die *Casa dos Patudos,* ein musealer Landsitz, zu besichtigen ist. Der fruchtbare Schwemmlandbereich ist berühmt für seine Pferde- und Stierzucht. Hier, im Land der portugiesischen Cowboys, ist der Stierkampf zuhause.

Tipp In **Almeirim** kann die Pferde- und Weinfarm *Quinta da Alorna* besucht werden. Eine interessante Messe für Zuchtpferde findet anlässlich des Martinstags im November in **Golegã** statt (nördl. von Chamusca).

Tipp Nach Lissabon geht es über den Tejo zur Autobahn bei **Santarém,** das eine attraktive Altstadt (mit * Tejo-Blick) mit interessanten historischen Bauten, einladenden Lokalen und guten Unterkünften besitzt.

Man kann auf der N 118 auch weiter durch den ländlichen Ribatejo bis **Vila Franca de Xira** fahren, das Stierkampf-Zentrum Portugals.

Route 5

Mittelportugal: Meer, Wald und Gebirge

Aveiro – ** Buçaco – Dão-Region – * Viseu – ** Serra da Estrela (390 km)

Diese Route führt in die Landschaften der Beiras, von der Lagune von Aveiro an der Beira Litoral zur Beira Interior ins Landesinnere: Über den Märchenwald von Buçaco geht es ins Weinbaugebiet des Dão und über Viseu ins Sternengebirge, die Serra da Estrela. Diese Gebirgslandschaft wird durch eine kleine Rundfahrt erschlossen, bevor es zurück zur Schnellstraße über Viseu an die Nord-Süd-Autobahn geht. Die Beiras bieten besonders viel Abwechslung auf kleinem Raum. Die Streckenabschnitte sind kurz, die Landschaftserlebnisse vielfältig. Und überall bietet sich die Möglichkeit, die Eindrücke durch Ausflüge und Wanderungen noch auszuweiten.

Ria de Aveiro

Mit 70 000 Einwohnern ist die Distrikthauptstadt **Aveiro** am 6000 ha großen Haff *Ria de Aveiro* keine reine Idylle mehr. Unverändert malerisch präsentiert sich die von Kanälen durchzogene *Altstadt* mit ihrer Schauseite an der Wasserfront rund um den *Canal Central.* Noch wird in den Salinen Salz gewonnen und einige Tangfischer fahren mit ihren flachen, buntschnäbeligen Booten in die Lagune. Sie harken Algen, *moliços*, aus dem Brackwasser, die als Dünger verkauft werden. Doch der Dreck, der manchmal zum Himmel stinkt, kommt nicht aus den Kanälen, sondern aus den Abwässern der Zellulosefabriken, die eine ökologische Gefahr für die Ria bedeuten (s. S. 77).

Früher lebte man in Aveiro außer von der Salzgewinnung vom Kabeljaufang und der Handelsschifffahrt, bis 1575 ein Unwetter Sandmassen verlagerte, die Aveiro vom Meer abschnitten. Der einsetzende Niedergang der Stadt wurde erst 1808 aufgefangen, als eine neue Fahrrinne den Weg zur offenen See frei machte. Die wenigen Sehenswürdigkeiten liegen eng beieinander, die Kathedrale mit dem steinernen Wegekreuz São Domingos und die Kirche des *Convento de Jesús* (heute Teil des interessanten * *Museu de Aveiro*) mit prächtiger * *Talha*-Ausstattung.

Auf den langen Nehrungen der **Ria de Aveiro,** 30 km nach Norden bis *Ovar* (Azulejo-Hausfassaden) und 25 km nach Süden von Barra bis Praia da Mar, wurde zwar in den letzten Jahren sehr viel gebaut, doch an den endlosen, von Dünen gerahmten Stränden kann man immer einsame Plätze finden.

Hübsch ist *Costa Nova* mit seinen pittoresken, bunt gestreiften Fischerhütten.

Wellensurfen ist an den Stränden von *Furadouro* und *Torreira* angesagt.

i Büro des *Turismo*, Rua João Mendonça 8. Fahrradverleih im Sommer vor dem Turismo.

Bootsausflüge im Sommer (15. 6.–15. 9.), u. a. auf *moliceiros* in die Lagune, per Motorboot nach Torreira; Fähren zu den Nehrungen von São Jacinto und Barra.

Pomba Branca, Rua L. G. de Carvalho 23, ☎ 234 2 2529, FAX 234 38 1844. Altportugiesisches Flair. ($)
Mehrere **Campingplätze** an den Nehrungen.

O Moliceiro, Largo do Rossio 6, ☎ 234 2 0858.
Gute Regionalküche. ($)
Als Spezialität servieren die Lokale Aal *(enguia)*.

Breite Sandstrände säumen die Ria de Aveiro

Luso: ein sympathischer Thermalkurort ohne Pomp

Loggia in Buçaco: der richtige Ort für Mußestunden

5
Seite 81

Ins Dão-Tal

Interessanter als auf der Schnellstraße nach Viseu ist die Fahrt über die Landstraße N 235/N 1 Richtung Coimbra.

Tipp 5 km hinter Aveiro lohnt sich ein Abstecher über die N 109 südwärts nach *Ilhavo* und *Vista Alegre*, bekannt für seine Porzellanmanufaktur, der ein Museum angeschlossen ist.

In ***Curía,** einem Kurort mit schattigem Park, gibt es schöne Belle-Epoque-Hotels, darunter das nostalgische **Palace-Hotel** mit Art-déco-Schwimmbad.

An der Abzweigung von der N 1 nach Curía liegt das *Pedro dos Leitões* (($)), eines der großen Spanferkel-Restaurants, zu dem die Portugiesen von weither anreisen.

Tipp Um *Mealhada* und *Anadia* liegt das Zentrum des Bairrada-Weingebiets. Aus der Baga-Traube werden einige der besten Roten Portugals gekeltert. Im Weingut **Quinta do Carvalinho,** ☎ FAX 231 28 9343, bei Mealhada kann man sich einmieten.

5

Seite 81

Quellwasser aus Luso

Aus Luso kommt das bekannteste Mineralwasser Portugals. „Gutes" Wasser hat einen hohen Stellenwert. Viele Portugiesen holen bevorzugt an Straßenbrunnen Quellwasser, dem man eine bestimmte heilende Wirkung zuschreibt.

In Mealhada biegt man auf die N 234 ab und erreicht den im Tal gelegenen hübschen Thermalkurort **Luso.** Größte Attraktion ist der benachbarte Wald von **Buçaco (s. S. 79). Schön wandern kann man hier und weiter südlich bei dem über dem Rio Mondego gelegenen Städtchen **Penacova.** Die 22 km bis Coimbra kann man sogar mit einem Kajak zurücklegen (Info: Miradouro do Terreiro).

An der IP 3 nach Viseu liegt **Santa Comba Dão,** Zentrum des bekannten Weinbaugebiets im Dão-Tal und Begräbnisort des Diktators Salazar, der von hier stammte.

Zwischen Wald und Wein fährt man am Mondego entlang bis Viseu (41 km). Etwa auf halber Strecke bietet sich ein Abstecher in die einsame, von Heidekraut und Mimosen bewachsene ***Serra do Caramulo** an. Von den höchsten Gipfeln, *Caramulinho* und *Cabeço da Neve*, hat man den großartigsten *Weitblick aus über 1000 m Höhe. Der Hauptort **Caramulo,** ein Lungenkurort, ist heute eine Pilgerstätte für Oldtimerfans. Neben seltenen Fahrzeugen ist im *Museu do Automóvel* auch der Mercedes zu sehen, den Salazar von Hitler geschenkt bekam (🕓 Di–So 10–12.30, 14–18 Uhr). Zum Caramulinho gelangt man über die Av. A. de Lacerda, die in die N 230-3 übergeht. Nach 3 km beginnt der Fußweg zum Gipfel (30 Min.).

*Viseu

Die alte Bischofsstadt und Hauptstadt (22 000 Einw.) der Dão-Region, blickt auf eine lange Geschichte zurück. Hier soll die letzte Bastion des lusitanischen Widerstandskämpfers *Viriatus* im Kampf gegen die Römer gewesen sein. Und hier unterlag der letzte Westgotenkönig *Roderich* dem Ansturm der islamischen Invasoren (Grab in *São Miguel do Feital*).

Der Besuch der **Altstadt** auf dem Hügel, ausgehend von der zentralen *Praça da República* (Rossio) – mit dekorativer Azulejo-Wand –, wird leider durch die ungebremste Herrschaft des Verkehrs erschwert. Auch der monumentale Hauptplatz *(Adro da Sé)* ist zum Parkplatz degradiert. Hier liegt die **Kathedrale** aus grauem Granit. Ihre kubische romanische Strenge wird durch den schlichten frühbarocken Fassadendekor kaum gemildert. Der **Innenraum* besitzt ein einzigartiges manuelinisches Tauknoten-Gewölbe (1513), das auf romanischen Stützen ruht. Ungewöhnlich klassisch-antik wirken die Renaissance-Arkaden im **Kreuzgang*. Die weiße Barockfront der **Misericórdia-Kirche** mit ihren geschweiften Giebeln und Turmhauben kontrastiert effektvoll zum Grau der Kathedrale. Rund um den Kathedralplatz gibt es viele pittoreske Altstadtwinkel.

Tipp Das ****Museu Grão Vasco** im ehemaligen Bischofspalast neben der Sé ist ein Muss für Kunstfreunde (Di–So 10–12.30, 14–17 Uhr). Viseu war mit der Werkstatt von Vasco Fernandes, genannt Gão Vasco (ca. 1475–1542), ein Zentrum der portugiesischen Malerei auf ihrem Höhepunkt. Im Museum wird diese „Schule von Viseu" eindrucksvoll präsentiert.

Für Nostalgiefreunde ist auch das ehemalige Wohnhaus eines Sammlers, **Casa Museu Almeida Moreira,** einen Besuch wert.

Ein Bühnenarchitekt entwarf das Schloss-Hotel von Buçaco

Der „Zauberwald" von **Buçaco

Jahrhundertelang wurde der 480 ha große Waldpark am Westhang der Buçaco-Berge bei Luso von Mönchen gehütet. Er bildet heute die romantische Kulisse für das ***Palace-Hotel** (☏ 231 93 0101, Fax 231 93 0509), eine bombastische neo-manuelinische Architekturfantasie, wie für eine Wagneroper entworfen. Seit frühester Zeit war der Wald ein Ort der Einsiedler. Im 17. Jh. wurde ein Karmeliterkloster gebaut und die *Tapada do Buçaco* von einer Mauer umgeben. Ein päpstliches Edikt bestimmte, dass bei Strafe der Exkommunikation weder eine Frau den heiligen Bezirk betreten noch ein einziger Baum darin gefällt werden dürfe.

Dank des feuchtwarmen Klimas kaprizierten sich die Mönche auf die Pflanzung exotischer Gewächse aus den Kolonien. So stammen die Riesenschirme der Goa-Zedern noch aus dem 17. Jh. Ausgerechnet dieser abgeschiedene Ort wurde 1810 zum Schauplatz einer Entscheidungsschlacht zwischen dem napoleonischen Heer und den von englischen Truppen unter Wellington unterstützten Portugiesen. Seit der Vertreibung der Mönche 1834 bereicherte die staatliche Forstverwaltung den Waldgarten um Arten aus aller Welt (heute 400 einheimische und 300 exotische).

Eine barocke *Via Sacra*, ein Kreuzweg mit Kapellen, führt zum höchsten Punkt des Waldes *Cruz alta* (*Traumblick). Der Palast, seit 1884 als königliches Jagdschloss von einem Bühnenarchitekten (sic!) errichtet, war beim Sturz der Monarchie 1910 kaum fertig und wurde vom ehemaligen Hofkoch in eines der feudalsten Hotels des Landes umgewandelt. Kaum jemand weiß, dass das Hotel auch einen Wein von legendärer Qualität produziert. Etwas preiswerter, aber ebenfalls standesgemäß, kann man in der **Vila Duparchy** am Rand des Waldes mit Blick auf Luso logieren (☏ 231 93 9120).

Seite 81

Um sich mit einigen Flaschen Dão einzudecken, lohnt ein Bummel durch die **Rua Direita** in der Altstadt. Mitte August bis Mitte September kann man den Jahrmarkt anlässlich der **Feira de São Mateus** auf Souvenirsuche durchstöbern.

Grão Vasco, Rua Gaspar Barreiros, ☎ 232 42 3511, FAX 232 42 6444. Das führende Hotel im Zentrum. ($)
Quinta de S. Caetano (TH), Rua Poça das Feliticeiras 38, ☎ 232 42 3984. Herrschaftshaus, Nähe Altstadt. ($)

A Veranda da Sé, Rua A. Hilario 55, ☎ 421 35. Modernes Bistro in alten Mauern. ($)

Historische Landsitze

Auf der N 16 erreicht man in 13 km Entfernung von Viseu **Mangualde,** in dessen Umkreis viele alte Landsitze mit schönen Gartenanlagen liegen, einer der eindrucksvollsten gleich am Ortsrand: * *Palácio dos Condes de Anadia* aus dem 18. Jh. (🕓 Okt.–Aug. Di–So 9–12, 14–18 Uhr). Hinter der schlichten rosa Fassade an der Straße verbergen sich fürstliche Räumlichkeiten. Der Garten auf der Rückseite zieht sich bis in die Felder hinaus. Ein anderer beachtlicher Landsitz ist die nahe gelegene * *Casa da Insua,* ein Gut, das Dão-Weine von sehr guter Qualität produziert (Straße nach Penalva do Castelo).

5

Seite 81

Herrschaftliche Übernachtungsmöglichkeit bieten im Herzen der Weinbauregion Dão, zu der auch die Täler des Mondego und Alva gehören, mehrere Quintas (TH) zwischen *Mangualde, Santar* und *Nelas*. Infos beim **Turismo** in Nelas, Largo Prof. Veiga Simão.

In die ** Serra da Estrela

Gouveia bietet sich als Ausgangsort für die Fahrt in Portugals höchstes Gebirge, die ** Serra da Estrela an. Die alte Hirtenregion ist heute als einziges Skigebiet Portugals erschlossen. Die touristischen Infrastrukturen locken auch im Sommer Camper, Angler- und Wanderfreunde an. Von Gouveia, wo der einheimische Hirtenhund, *cão da serra,* gezüchtet wird, steigt die N 232 in die wilder werdende Bergregion hinauf.

In 1290 m Höhe liegt die **Pousada de São Lourenço** ($); 4 km voher rechts die Wetterstation *Penhas Douradas* in Aussichtslage, 1383 m; billige Unterkünfte).

Serra da Estrela

Die Gletscher der Eiszeit haben das Granitmassiv von etwa 60 km Länge und 30 km Breite geformt und Täler ausgehobelt. An den steinigen Hängen liegen die von Kastanienwäldchen und Feldern gerahmten Dörfer wie Oasen in schwermütiger Landschaft mit kargen Weideflächen und kahlen Hochplateus. In höheren Lagen türmen sich schroffe Felswände mit schalig zerfallendem Gestein und Kare mit bizarren Felsfiguren.

Manteigas (755 m) im Talkessel des Rio Zêzere ist die beste Ausgangsbasis für einen Besuch der Serra (Auskünfte s. u.). Ab Manteigas folgt die N 338 flussaufwärts dem Gletschertal des Rio Zêzere. Nach spektakulären Haarnadelkurven trifft sie auf die höchstgelegene Straße Portugals, die durch das Zentrum der Serra führt. Auf dieser erreicht man in Richtung Covilhã nach 4 km *Penhas da Saúde* auf 1500 m.

Covilhã (18 000 Einw.) ist das südliche Tor zur Serra da Estrela und wenig attraktives Zentrum der Wolle verarbeitenden Industrie.

Infomaterial zu Exkursionen ins Gebirge bei *Região de Turismo da Serra da Estrela,* Covilhã, Avenida Frei Pinto, Apart. 438, ☎ 275 31 9560, FAX 232 31 9569; u. a. Wanderführer (in Englisch).

Von Covilhã nach Norden führt die N 18 nach *Guarda* (1065 m, * Altstadt, * Kathedrale), die höchstgelegene Stadt der Iberischen Halbinsel. Nach Westen folgt man der N 339 bis auf die **Torre** (1993 m), die höchste Erhebung der Serra da Estrela. Bergab geht es am großen, schön gelegenen Stausee *Lagoa Comprida* vorbei zum Bergdorf **Sabugeiro** (1050 m), wo traditionell der im Land berühmte Bergkäse *(queijo da serra)* hergestellt wird.

Aus groben Granitsteinen gefügt sind die Häuser der Bergbauern

Tipp In der privaten **Casa da Sofia** kann man wohnen und bei der Käsezubereitung zusehen; ebenso im Landgut **Solar dos Oliveiros** (18. Jh.) bei der kleinen Industriestadt *Seia* mit einem netten historischen Stadtkern (*Turismo:* Largo do Mercado).

Der Rückweg zur Küste über Viseu ist der schnellste. Gemächlicher (N 342, N 2, N 17) geht's über Coimbra (s. S. 54).

Pousada im Pinienwald bei *Oliveira do Hospital;* Reservierung s. S. 21. Ⓢ.

Serra da Estrela: Im Morgendunst verfließen die harten Konturen

5
Seite 81

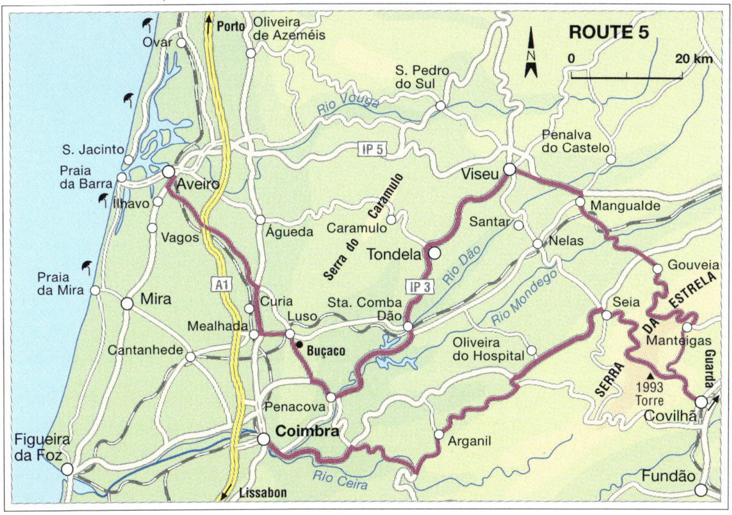

Route 6

Minho – die grüne Wiege Portugals

***Guimarães – *Braga – Barcelos – **Viana do Castelo – Valença do Minho – **Peneda-Gerês – *Ponte de Lima – Braga (410 km)**

Der Minho ist das historische Kernland Portugals, berühmt für seine grüne Küste, die grüne Gartenlandschaft, den grünen Wein (vinho verde). Hier gibt es die größten Feste und Märkte, eine gute Küche, die meisten herrschaftlichen Weingüter und traditionelles Landleben. Im Nordosten liegt der Nationalpark Peneda-Gerês mit urtümlichen Weilern und einsamen Wanderwegen. In der zur spanischen Grenze hin schroffen und unzugänglichen Bergregion haben sich, wie auf Inseln, seltene Pflanzen und Tiere, alte Kulturen und eine archaische Bauernwelt erhalten.

6

Seite 86

*Guimarães

Die aufstrebende Industriestadt (51 km von Porto, 70 000 Einw.) ist ein Ort mit Geschichte. Mit Stolz bezeichnet sie sich als „Wiege Portugals“, Geburtsort von Afonso Henriques, der die Grafschaft Portucale, das Land zwischen Minho und Douro, zum Königreich Portugal erklärte. Auf dem „Heiligen Hügel“ über der Stadt steht die zinnenbekrönte **Burg** mit dem 27 m hohen Bergfried (*Castelo*, Di–So 9–12.30, 14–17 Uhr), wo er um 1110 geboren wurde und in der schlichten Kapelle *São Miguel* getauft worden sein soll.

Vorbei an dem in der Salazar-Zeit überrestaurierten Palast der Braganças *(Paço dos Duques)* gelangt man auf der malerischen *Rua de Santa Maria* hinunter in die ***Altstadt.** Im **Museu Martins Sarmento* (Largo Toural) werden interessante Funde aus der keltiberischen Siedlung *Citânia de Briteiros* (s. u.) gezeigt. Das **Museu Alberto Sampaio* präsentiert religiöse Kunst in ehemaligen Klosterräumen am **Largo de Oliveira,** dem schönsten Altstadtplatz.

Büro des *Turismo*, Alameda da Resistência. Infos zu Unterkünften etc.

TH bietet noble Unterkünfte in der Umgebung, u. a. **Casa de Sezim** (4 km), wo einer der besten *vinhos verdes* produziert wird (Auskunft beim Turismo).
Pousada, Largo de Oliveira, Reserv. s. S. 21, ☏ 253 51 4157. Stilvolles Wohnen in historischen Mauern. $$
Trinas, Rua das Trinas 29. Altstadtpension. $

Viele angenehme Restaurants, z. B. **Café Oriental** und **Milenário,** beide Largo Toural, oder **Florêncio,** Madre de Deus.

Feste: Stadtfest zu Ehren des hl. Walter *(Festas Gualterianas)* am 1. Sonntag im August.

Ausflug ins Grüne

Eine Standseilbahn, der *Teleférico*, erklimmt den 617 m hohen Panoramahügel *Penha*, 6 km nordwestlich. Das prächtige barocke Kloster *Santa Marinha da Costa* in Aussichtslage beherbergt eine der edelsten Pousadas Portugals (Reservierung s. S. 21).

Tipp: Richtung Braga zweigt man nach 8 km bei Caldas das Taipas nach **Citânia de Briteiros** ab, den sehenswerten Ausgrabungen einer keltiberischen Siedlung (tgl. 9–18 Uhr).

*Braga

Die Bischofsstadt (130 000 Einw.), kirchentreu und konservativ, ist nicht nur kirchliches Zentrum Portugals, sondern

Schwerpunkt der Industrieregion Porto-Braga. *Bracara Augusta* kam schon zur Römerzeit als Kreuzungspunkt wichtiger Fernstraßen und Verwaltungszentrum Iberiens überregionale Bedeutung zu.

Man muss sich durch die Neustadt mit stets verstopften Straßen hindurchquälen, um in die kleine **Altstadt** zu gelangen und die historischen Kirchen und Paläste an kleinen Gassen und brunnengeschmückten Plätzen zu bewundern. Die ursprünglich romanische **Kathedrale** präsentiert sich als Stilmixtur. In der *Capela dos Reis* (14. Jh.) ist das Grab der Eltern des Landesgründers Afonso Henriques, Heinrich von Burgund und Teresa. Über die Fußgängerstraße Rua do Souto kommt man zum * **Palácio dos Biscainhos,** einem Stadtpalast des 18. Jhs. mit herrlichem Garten (Museum).

Bom Jesús do Monte: Prachtvolle Inszenierung eines Pilgerwegs

In Granithäuschen auf Stelzen, den „espigueiros", lagert der Mais

Tipp Wer eine Ruhepause einlegen möchte, sucht sich auf der Praça da República einen Logenplatz in den altmodischen Cafés **Astoria** und **Vianna** unter den Arkaden oder im **Brasileira** an der Ecke zur Av. Liberdade.

4 km außerhalb von Braga liegt ein kunsthistorisches Kleinod, das westgotische Oratorium **São Frutuoso** (7. Jh.).

Berühmt ist die barocke Wallfahrtskirche * **Bom Jesús do Monte** (5 km entfernt), nach Fátima das beliebteste Pilgerziel Portugals. Zur Kirche auf der 564 m hohen Bergterrasse führt eine imposante breite ** *Treppenanlage* des 18. Jhs., die manche Pilger auf Knien hinaufrutschen. Bequemer geht es mit der alten Zahnradbahn oder mit dem Auto (Vorsicht: Sonntags Stau!).

Die bunten Keramikhähne wurden Portugals Nationalsymbol

i Büro des *Turismo*, Avenida da Liberdade 1, Braga.

6
Seite 86

Die schönsten, aber nicht die billigsten Unterkünfte liegen auf dem Hügel Jesús do Monte: die villenartigen Hotels **Do Parque** ($$) und **Elevador** ($$) sowie **Castelo de Bom Jesús** (TH, $$).

Costa Verde

Die „Grüne Küste“, wie die Atlantikküste von Porto bis zur spanischen Grenze heißt, ist ein fast ununterbrochener Sandstrand mit Dünen und einem Saum aus Pinienwäldern. Leider ist in letzter Zeit eine Bebauungswelle über sie geschwappt.

Zu einem endlosen Häuserwall wuchsen die Orte **Póvoa de Varzim** und **Vila do Conde,** das einen hübschen alten Kern und einen schönen Strand besitzt, zusammen. Eine reine Touristensiedlung ist **Ofir** am Haff der Cávado-Mündung, bietet jedoch einen wunderbaren Strand. **Esposende** ist ebenfalls explodiert. Doch von **São Bartolomeu do Mar** nach Norden gibt es einsame Strände. Sonnenanbeter kommen an der Costa Verde nicht auf ihre Kosten. Es ist ziemlich kühl und windig, und Nebel sind selbst im Sommer keine Seltenheit.

Seite 86

Tipp: Ein nettes Vergügen ist eine Bummelfahrt mit der Bahn die Küste entlang, z. B. von *Viana do Castelo* nach *Caminha.*

O galo

Den berühmten Hahn (port. *o galo*), der zu einem Landessymbol wurde, gibt es nicht nur auf dem Markt von Barcelos in unzähligen Variationen zu kaufen. Sein Urbild ist das Hähnchen, das einer mittelalterlichen Legende zufolge schon gebraten auf dem Teller eines Richters lag, sich aber auf höhere Weisung wiederbelebte, um die Unschuld eines Santiago-Pilgers, der des Diebstahl bezichtigt war, zu bestätigen.

Markt in Barcelos

Auf der N 103 sind es 20 km von Braga bis **Barcelos** an den Ufern des Rio Cávado, Zentrum der Keramik- und Spielwarenindustrie und ideal für Souvenirjäger. Wer keine Platzangst hat, sollte sich die größte Attraktion von Barcelos nicht entgehen lassen: die gigantische Budenstadt des jeden Donnerstag stattfindenden *Wochenmarkts.* Er ist der größte Portugals. Im Stadtgarten am Flussufer kann man sich vom Trubel erholen. In der Torre de Menagem, Largo de Porta Nova, befindet sich die Touristeninformation und das *Centro Artesanato* (schönes Kunsthandwerk).

**Viana do Castelo

Die Hafenstadt (20 000 Einw.) an der Mündung des Rio Lima, die die Römer *Pulchra,* die Schöne, nannten, ist ein gepflegter, schön sanierter historischer Ort mit verkehrsberuhigter Altstadt. Der einstige Reichtum aus dem Überseehandel spiegelt sich in den Palästen des 16./17. Jhs., z. T. mit prächtigen manuelinischen Fassaden. Zentrum ist die reizvolle **Praça da República** (Cafés) mit **Renaissancebrunnen* (1551), *Rathaus* und der **Casa da Misericórdia* (1589), einem originellen Bau der Spätrenaissance mit Loggien, die von grotesken Figurenpfeilern gestützt werden.

Imposant ist die granitene **Kathedrale** (15. Jh., *Figurenportal); quellenden Dekor zeigt die *Kapelle* des Malheiros-Palasts (18. Jh.). Die bäuerlich-barocke Kirche *Nossa Senhora da Agonía* am Westrand der Altstadt ist in der dritten Augustwoche Schauplatz der populärsten *Romaria* Portugals, wo die Frauen ihre berühmten Trachten zeigen.

Viana do Castelo: Malheiros-Kapelle und Santa Luzia (im Hintergrund)

Tipp Wahrzeichen Vianas ist der **Monte Santa Luzia** (664 m) mit nostalgischer Zahnradbahn, der Wallfahrtskirche im Stil von Sacré-Cœur und dem palastartigen Grand Hotel *Santa Luzia* in spektakulärer Lage.

i Büro des *Turismo*, Praça da Erva. Broschüre mit Stadtrundwegen erhältlich.

Bootsfahrten auf dem Rio Lima. Fähre zur schönen *Praia de Cabedelo*.

Casa dos Costas Barros (TH), Rua de São Pedro 22, ☎ 258 82 3705, FAX 258 2 4383. Historisches Altstadthaus. ($)

Taberna do Valentim, Rua Mons. de Machado 180. Köstliche Fischgerichte. ($)

Am Rio Minho

Von *Vila Praia de Ancora*, einem Bade- und Fischerort (15 km nördl. Viana), bis *Moledo* erstrecken sich 20 km Sandküste. Der nördlichste Küstenort ist das hübsche ******Caminha* an der Minho-Mündung. Die N 13 führt über **Vila Nova de Cerveira** zum größten Grenzübergang nach Spanien: **Valença do Minho.** Die von Mauern umschlossene * Altstadt ist ein Juwel altportugiesischer Stadtbaukunst und ein Shopping-Paradies für spanische Tagestouristen.

Die Festungen von *Vila Nova de Cerveira* und *Valença do Minho* bieten stilvolles Wohnen in einer **Pousada** (jeweils ($$)), Reservierung s. S. 21).

Die Fahrt geht weiter in den einsamen Nordosten am Minho entlang durch Weinberge und Pinienwälder. Das Zentrum des *Vinho-Verde*-Anbaugebiets ist **Monção,** wie alle Orte am Minho ehemalige Grenzbastion, deren Legenden die jahrhundertelangen Scharmützel mit Spanien zum Thema haben.

Tipp Weiß, leicht und spritzig: Der beste *vinho verde* wird in der Region von Monção aus den sehr säurehaltigen Alvarinho-Trauben hergestellt, z. B. *Alvarinho* von Capa Velha.

Melgaço liegt 25 km östlich hoch über dem Minho unterhalb eines verfallenen Kastells. Außer dem Bauernmarkt am Samstag ist hier nichts los. Lebendig wird es nur zur Festa im August mit Folkloregruppen aus dem ganzen Land.

In Melgaço zweigt die EN 202 ab, die sich über eine idyllische Strecke bergaufwärts bis *Lamas de Moura* und **Castro Laboreiro** (950 m) schraubt. Hoch über den Flusstälern eröffnet sich ein weites * Panorama bis nach Galicien.

Quinta do Hospital (TH), an der EN 202, 8 km von Melgaço.

6
Seite 86

**Peneda-Gerês

In Lamas de Moura liegt der nördliche Zugang zum ****Nationalpark Peneda-Gerês**. 72 000 ha der gebirgigen Grenzregion (bis 1500 m hoch), die durch die Schluchten der Flusstäler (Stauseen) zerschnitten ist, stehen seit 1971 unter Naturschutz. Der Westteil ist altes Kulturland mit Weidewirtschaft, Mais- und Roggenanbau, in dem 15 000 Menschen leben. Die Vegetationsgrenze liegt bei 1200 m, darüber ragen wild zerklüftete Felsburgen auf. Megalithgräber, römische Meilensteine und romanische Kirchenruinen zeugen von einer langen Kulturgeschichte.

Fast unbewohnt ist der unzugängliche und extrem niederschlagsreiche Ostteil,

Badespass für abgehärtete Naturen: Wasserfälle in der Serra do Gerês

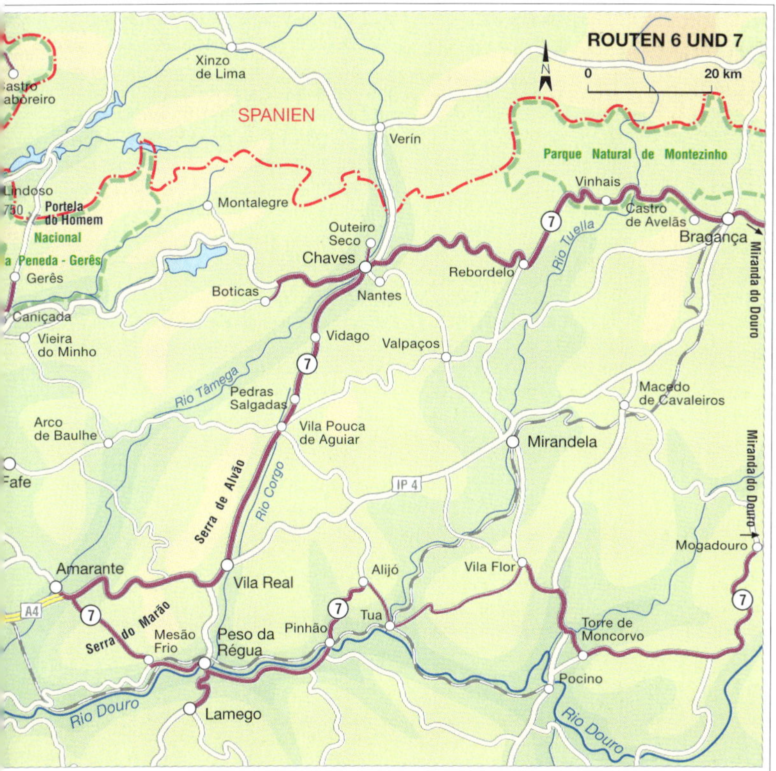

6
Seite 86

Zufluchtsort für seltene Wildtiere wie Königsadler, Uhu, Wolf, Fuchs und sogar Wildpferde. Der Park weist mikroklimatische Nischen mit außergewöhnlicher Flora auf (u. a. Reste von Eichenurwäldern). Leider ist das Gebiet durch Brände und Autotourismus bedroht.

Der südliche Zugang zum Park liegt beim Thermalbad **Caldas do Gerês.** Hier berührt man die fjordartigen **Stauseen.** Von Gerês aus sind Wanderungen auf markierten Wegen möglich. Von Gerês geht es zurück nach Braga (N 103) oder weiter entlang den Stauseen nach *Chaves* (Anschluss Route 5).

Porto, Braga, Caldas do Gerês, Arco de Valdevez, Montalegre sowie an den Parkzufahrten in Lamas de Mouro, Terras do Bouro, Mezio. *Achtung:* Die Autokarten sind sämtlich ungenau.

Granithäuser in *Soajo,* ☏ 258 67 4327; größte Auswahl an Unterkünften in *Caldas do Gerês.*

6

Seite 86

*Ponte de Lima

Von *Ponte da Barca,* einem stillen Ort mit Flussstrand des Lima (4 km außerhalb in *Bravaes* *romanische Kapelle) gelangt man nach 18 km nach Ponte de Lima. In dem anmutigen Städtchen führt eine gotische Brücke auf römischen Fundamenten über den Fluss. Im alten Ortskern säumen schöne Patrizierhäuser (16. Jh.) Gassen und Plätze.

Praça da República. Ponte de Lima ist Sitz der Zentralstelle **TURIHAB** für Unterkünfte in alten Herrenhäusern (s. S. 22). Entsprechend vielfältig ist das Angebot.

In den Cafés an der *Praça de Camões* (alte Brücke) kann man herrlich draußen sitzen.

Jeden 2. Montag im Monat findet am platanengesäumten Flussufer bei der alten Brücke der älteste (seit 1125) und einer der größten Märkte Portugals statt.

Route 7

Über den Fluss und hinter die Berge: Douro und Trás-os-Montes

*Amarante – *Lamego – Pinhao – *Miranda do Douro – Bragança – *Chaves – Vila Real – *Amarante (ca. 550 km)

Die Route führt in eine der anmutigsten Landschaften Portugals, die berühmte Weinregion des Douro-Tals, wo auf steilen, terrassierten Hängen die Trauben für den Portwein wachsen und die barocken Güter der Weinbarone stehen. Jahrhundertelang war der Fluss die einzige Verbindung nach Trás-os-Montes. Das karge Hirten- und Bauernland „hinter den Bergen" mit glutheißen Sommern und langen, harten Wintern trieb seine Bewohner seit jeher in Scharen in die Emigration.

*Amarante

Idyllisch liegt die kleine Stadt zu beiden Seiten der Bogenbrücke von 1790 über den Rio Tâmega (Ruderbootverleih). Schutzheiliger von Amarante ist *São Gonçalo,* den man auf der Suche nach einem Ehepartner und um Kindersegen anruft. Die große Wallfahrt zu seinem Grab in der *Klosterkirche São Gonçalo* (16. Jh.) findet am ersten Juniwochenende statt.

Kubismus in Amarante

Im Kloster befindet sich das **Museu Municipal** mit interessanten Werken des portugiesischen Kubisten *Amadeu de Sousa Cardoso* (1887 bis 1918). Er arbeitete in Paris, wo er sich ein Atelier mit Modigliani teilte.

Bevor man sich der Weinlandschaft des Douro zuwendet, lohnt sich von Amarante ein Abstecher nordwärts auf der N 210 in die stille * *Basto*-Region mit herrlichen Weingütern (Anschluss über die N 206 an Route 6).

Büro des *Turismo* von Amarante, Rua Cândido dos Reis, im Kloster.

Eine Alternative zu den Stadthotels **Navarras** und **Amaranto** bietet die idyllische **Casa de Pascoães** (TH) 3 km außerhalb. ☎ 255 42 2595. $

Cafés und Restaurants reihen sich in der Rua 31 de Janeiro, z. B. **Tasquinha da Sé.** $

Ins Douro-Tal

Südöstlich von Amarante gelangt man über die * *Serra de Marão* zum Weinort *Mesão Frio*. Bald danach erreicht man das Douro-Tal und ostwärts **Peso da Régua** (35 km). Es ist das Zentrum der Portweinregion, Sitz vieler Portweinfirmen und der *Casa do Douro*, die die Rebsorten kontrolliert. Hier befindet sich auch die größte Anlegestelle der Douro-Kreuzfahrtschiffe.

Tipp Ein Erlebnis ist die Fahrt mit der **Douro-Bahn** von Peso da Régua bis Pocinho oder mit der **Corgo-Bahn** nach Vila Real.

Einen Abstecher (12 km) lohnt die alte Bischofsstadt * **Lamego** mit mächtiger, steingrauer Kathedrale (romanische Gründung, barocker Innenraum). Sehenswert ist das *Museu Regional* im Bischofspalast gegenüber (u. a. fünf Tafeln von *Grão Vasco*, s. S. 79).

Die größte Attraktion Lamegos aber ist die Wallfahrtskirche ** *Nossa Senhora dos Remédios* auf einer 600 m hohen Terrasse, zu der eine Freitreppe mit 685 Stufen hinaufführt. Die Gesamtkomposition der *Escadaria* mit Verweilterrassen, Kapellen und Statuen und der schwingenden * *Barockfassade* der Kirche wirkt wie aus einem Guss. Da-

Amarante sollte man auch einmal vom Fluss aus sehen

Auf den Schieferterrassen des Douro-Tals wachsen die Trauben für den Portwein

Schäfer in Trás-os-Montes

7
Seite 87

bei wurde die Treppenanlage erst im 19. Jh. nach dem Vorbild von Bom Jesús bei Braga gebaut. Hauptwallfahrt ist vom 6. bis 8. September, wenn ganz Lamego in einem Blütenmeer ertrinkt.

Büro des *Turismo*, Av. Guedes Visc. de Teixeira. Infos zu Lamego und Umgebung.

Vila Hostilina (TH). Quinta mit Panoramablick auf Lamego (1 km). $

Kneipen und Restaurants an der Altstadtstraße **Rua da Olaria.** Als Happen zum Wein gibt es lokalen *presunto* (Räucherschinken). Probieren sollte man auch die Schaumweine aus Lamego: *Raposeira* und *Muganheira*.

Auf der Rückfahrt bleibt man auf dem Südufer des Douro und fährt 25 km nach **Pinhão**, in dessen Umkreis sich die bekanntesten Weingüter befinden. Hier ist die Weinlese im Oktober noch ein Fest, begleitet von alten Bräuchen, Tanz und Musik. Für Azulejo-Freunde: Der Bahnhof von Pinhão ist ein Juwel.

Casa de Casal de Loivos (TH), ☏ 254 7 2149. Portweingut mit herrlicher Aussicht.

Quinta do Foz

Im besten Weingut des Familienunternehmens Cálem, werden die Trauben für kostbare Jahrgangsweine noch wie in alten Zeiten mit bloßen Füßen im Steintrog gemaischt. Sonst ist die Herstellung längst mechanisiert. Den Winter über ruht der Wein in großen Fässern oder Tanks, bis er im Frühjahr auf Lastwagen nach Vila Nova de Gaia transportiert wird (s. S. 50).

Ein Abstecher führt von Pinhão (N 322) über den Weinort **Sabrosa** (Geburtsort des Weltumseglers *Magellan*, s. S. 15) bis zum Weingut von **Mateus,** dessen Bild überall auf der Welt die Flaschen des Exportschlagers Mateus-Rosé ziert. Ein Teil des prächtigen barocken Weinpalasts und seiner Gärten, 4 km vor Vila Real, kann besichtigt werden (🕓 tgl. Führungen 9–13, 14–18 Uhr).

Tipp **Für Bahnliebhaber:** Reizvoll ist die Fahrt mit der *Schmalspurbahn* durch die Flusstäler auf der Tâmega-Linie von Amarante bis Livração und auf der Tua-Linie von Tua bis Mirandela (einfache Fahrt ca. 2 Std.).

In Pinhão schlägt die Straße einen Bogen nordwärts, um dann bei **Tua** dem Douro noch einmal kurz zu folgen.

Die N 214 verlässt in Tua das Flusstal und mäandert über 37 km bis ***Vila Flor** (u. a. römischer Brunnen); Weiterfahrt über die N 215/102/325 nach *Torre de Moncorvo*. Hier ist die Zeit nicht stehen geblieben; eine moderne Agrarwirtschaft nach EU-Muster entwickelt sich. In Richtung Miranda do Douro liegt am Weg das von Mandelbäumen gerahmte **Mogadouro** und bietet einen schönen Blick vom Kastell. Einen Abstecher wert ist **Bemposta** (20 km nach Mogadouro), wo das Leben noch seinen uralten Gang geht.

*Miranda do Douro

Der beschauliche Ort (2000 Einw.) in der grandiosen Landschaft mit rundgeschliffenen Felsbuckeln hat einen sanierten Kern um die Kathedrale und lebt vom kleinen Grenzverkehr. Jahrhundertelang gab es keinerlei Kontakt zwischen den beiden Seiten. Vielmehr besetzte eine Festung (Ruine) als Grenzwache den strategischen Punkt über dem Douro-Cañon. Nun verbindet eine riesige Talsperre die Länder; sie staut das Flusswasser für ein Kraftwerk, aus dem Portugal ein Viertel seiner elektrischen Energie bezieht. In der abgelegenen Gegend um Miranda hat sich ein alter Dialekt erhalten, das *Mirandês*, das nun wieder gepflegt wird.

Pousada, ☏ 273 43 1005, Großartige Aussicht. $ Mehrere einfache Pensionen.

7
Seite 87

Bragança

84 km fährt man größtenteils über ein karges, einsames Hochplateau bis nach Bragança (18 000 Einw.) im äußersten Nordosten Portugals. Die ***Burg** mit ihrem gewaltigen Bergfried (Torre de Menagem) wurde von König Sancho I. 1187 errichtet und galt als uneinnehmbar. Im Burghof haben Häuser, Gärten und eine Kirche Platz gefunden. Einzigartig ist die ***Domus Municipalis,** eine Art Rathaus aus romanischer Zeit. Der *Pelourinho* (Gerichtspfeiler) ruht auf einem steinernen Wildschwein. Derbe Plastiken dieser Art, die aus keltiberischer Zeit stammen, finden sich im Norden mehrfach. Drei *porcas* besitzt auch das Stadtmuseum. Die Burg ist das Stammschloss der Braganças, die Portugal 1640–1910 regierten. In der ***Altstadt** lohnt das *Museo Regional* in der Rua Abílio Beca einen Besuch.

i Büro des *Turismo*, Avenida Cidade de Zamora. Infos zu Unterkünften etc.

Der schönste Blick auf den Burgberg bietet sich von der **Pousada** ($), Reserv. s. S. 21.

Dona Catarina, Rua Abílio Beca, das attraktivste Restaurant der Stadt.

Tipp Der Grenzort *Rio de Onor* (Bus) ist eines der ursprünglicheren Dörfer im Naturpark *Montezinho* mit einem eigenständigen iberisch-romanischen Dialekt.

Über *Chaves nach Vila Real

Die N 103 von Bragança nach Chaves (103 km) zählt zu den spektakulärsten Routen. Sie windet sich durch das Hochland und bietet großartige Fernblicke. Vinhais und Rebordelo liegen am Weg nach ***Chaves** (15 000 Einw.) im Tal des Rio Tâmega. *Aquae Flaviae* hieß der Ort zur Römerzeit nach den bis heute genutzten Thermalquellen. Auch die Flussbrücke, auf der zwei römische Meilensteine stehen, hatte schon eine

Braganças königliche Burg galt als uneinnehmbar

In den Bergen können nur kleine Felder bestellt werden

Die bunten Hausbalkone sind typisch für Chaves

7

Seite 87

römische Vorgängerin. Zentrum der kleinen *Altstadt mit dem schönen *Burggarten ist der *Largo de Camões*, den historische Fassaden umgeben.

Ob der berühmte Räucherschinken, Knoblauchwürste oder Schweineohren – die Spezialitäten der transmontanischen Küche sind deftig. *Tascas* und *Tabernas* zum Probieren gibt es jede Menge, z. B. **Adega Faustino** beim Hotel Trajano.

Büro des *Turismo*, Terreiro de Cavalaria. Infos auch zu Ausflugzielen.

Forte de São Francisco, ☎ 276 33 7000, FAX 276 33 7001. Mix aus Alt und Neu in der Festung. $
Quinta da Mata (AT), bei *Nantes* (3 km). Ein erholsamer Standort.

In der romanischen Kapelle von *Outeiro Seco* (5 km) sind interessante **Fresken* zu bewundern.

Auf der N 103 in Richtung Braga fährt man durch eine nordisch wirkende Landschaft mit Stauseen und Pinienwäldern (Anschluss an Route 6). Die N 2 nach Amarante berührt die für ihr Mineralwasser berühmten Heilbäder *Vidago* (Jugendstil-Palasthotel) und *Pedras Salgadas* (Casino von 1910).

7
Seite 87

Vila Real, die Distrikthauptstadt am *Rio Corgo*, hat eine hübsche Lage und eine lebendige Altstadt, die zum Bummeln einlädt. Die „königliche Stadt" ist Stammsitz vieler Adelsfamilien, deren Wappen an den Stadtpalästen prangen.

Büro des *Turismo*, Avenida Carvalho Araújo. Infos auch zu Unterkünften.

In der Umgebung gibt es eine Reihe von Privatunterkünften in Quintas (TH).

Lohnende Ausflugsziele sind die *Serra de Alvão* (Naturpark), das Weingut *Mateus* (s. S. 90) und die Weinregion von *Basto* (reizvolle TH-Quintas). – Die IP 4 verbindet Vila Real mit Amarante.

Praktische Hinweise von A–Z

Ärztliche Versorgung – Apotheken

Mitglieder der gesetzlichen Krankenkassen sollten sich vor der Reise einen Auslandskrankenschein besorgen. Dieser muss in Portugal zusammen mit Pass oder Personalausweis bei den Notdienststellen *(Urgências)* der Krankenhäuser bzw. den *Centros de Saúde* vorgelegt werden. Eine private Auslandskrankenversicherung garantiert freie Arztwahl und Rücktransport.

Über den **Notruf 112** kann man ärztliche Hilfe anfordern. Jedes Hospital hat eine *Urgência*, eine Notaufnahme.

Apotheken *(Farmácias):* Mo–Fr 9–13, 15–19, Sa 9–13 Uhr geöffnet; überall gibt es Nacht- und Sonntagsdienste.

Barbiere

In zahlreichen kleinen Friseurläden können sich Männer morgens preiswert eine gepflegte Nassrasur gönnen. Der Montag ist kein Ruhetag.

Devisenbestimmungen

Landes- und Fremdwährung kann bis zu einem Wert von 2 500 000 Esc ein- und ohne Deklaration wieder ausgeführt werden.

Diebstahl

In den Hochburgen des Tourismus, also vor allem in der Algarve und in Lissabon und Umgebung, ist man vor Diebstählen nicht sicher. Deshalb: Nie Wertsachen im Auto liegen lassen. Vorsicht vor virtuosen Taschendieben! Manchmal tauchen nach einem Diebstahl die Dokumente wieder auf, sodass man bei der Polizei mehrfach nachfragen sollte.

Diplomatische Vertretungen

Deutschland: Botschaft in Lissabon, Campo dos Mártires da Pátria 38, ☎ 21 881 0210, 📠 21 885 3846; Konsulat in Porto, R. do Campo Alegre 276, ☎ 22 610 2336/38, 📠 22 610 2870; Konsulat Faro, Av. da República 166, ☎ 289 80 3148, 📠 289 80 1346. *Österreich:* Botschaft in Lissabon, Av. Infante Santo 43, ☎ 21 395 8220/21, 📠 21 395 8224; Honorarkonsulate in Porto, Pr. General Humberto Delgado 267, ☎ 📠 22 208 4757, und Portimão, Largo Heliodoro Salgado 8, ☎ 282 420 0116, 📠 282 8 2614. *Schweiz:* Botschaft in Lissabon, Trav. do Patrocínio 1, ☎ 21 397 3121/22, 📠 21 397 7187.

Einreise

Zur Einreise bei einem Aufenthalt bis zu 90 Tagen genügt für Deutsche, Österreicher und Schweizer Personalausweis bzw. nationale Identitätskarte.

Elektrizität

Die Netzspannung beträgt 220 Volt Wechselstrom.

Feiertage

Vier Nationalfeiertage: 25. April, 10. Juni, 5. Oktober und 1. Dezember. *Weitere Feiertage:* 1. Jan., Karfreitag, 1. Mai, Fronleichnam, 15. Aug. (Mariä Himmelfahrt), 1. Nov. (Allerheiligen), 8. Dez. (Unbefleckte Empfängnis) und 25. Dez. Dazu kommen kommunale Feiertage, z. B. in Lissabon das Fest des hl. Antonius, des Stadtpatrons, am 13. Juni; in Porto das Johannisfest am 24. Juni. Einen zweiten Oster-, Pfingst- und Weihnachtsfeiertag gibt es nicht.

Geld

Währungseinheit ist der Escudo ($, PTE oder Esc abgekürzt). Im Umlauf sind Münzen zu 1, 2,50, 5, 10, 20, 50, 100 und 200 sowie Banknoten zu 500, 1000, 2000, 5000 und 10 000 Escudos. Mit ec- bzw. Kreditkarte kann Bargeld in Städten und Tourismuszentren an Geldautomaten (Multibanco) abgehoben werden (max. 40 000 Esc pro Tag). Gängige Kreditkarten sind Visa, American Express, Euro- und Mastercard. Die *Gebühren* für den Geldumtausch in Banken und Hotels sind ziemlich hoch.

Haustiere

Für Hunde/Katzen benötigt man bei Einreise ein neues amtstierärztliches Gesundheitsattest (in Portugiesisch).

Information

Portugiesisches Touristikamt, Schäfergasse 17, 60313 Frankfurt/M., ☎ (069) 23 40 94, 📠 23 14 33; **Portugiesisches Touristikzentrum,** Opernring 1, Stg. R/2, 1010 Wien, ☎ (01) 585 44 50, 📠 585 44 45; **Portugiesisches Verkehrsamt,** Badenerstrasse 15, 8004 Zürich, ☎ 241 00 01/5, 📠 241 00 12. **Im Internet:** www.portugal.org

Portugal-Spezialveranstalter *Olimar,* Unter Goldschmied 6, 50667 Köln, ☎ (02 21) 20 59 00, 📠 2 57 19 91.

Zentrale Auskunftsstellen *in Portugal*: **Direcção Geral do Turismo,** Av. António Augusto de Aguiar 86, 1000 Lisboa, ☎ 21 357 5086, 📠 21 357 5220; Palácio Foz, Praça dos Restauradores, 1200 Lissabon, ☎ 21 346 3643, 📠 21 346 8772. **ICEP,** Direcção de Informação, Av. 5 de Outubro, Lisboa, ☎ 21 739 0103, 📠 21 795 0961, E-Mail: dinf@icep.pt.

Kleidung

Strandkleidung ist in Städten und insbesondere beim Kirchenbesuch unangebracht. Pullover braucht man an der Westküste abends auch im Sommer.

Medien

Abends sendet der Rundfunksender RDP deutschsprachige Nachrichten. Unter den Zeitungen sind der konservative „Diário dos Notícias“ und der liberale „O Público“ informativ.

Mietwagen

Der Fahrer eines Mietwagens muss 21 Jahre alt und mindestens ein Jahr im Besitz der Fahrerlaubnis sein. Bei Übernahme des Fahrzeugs ist üblicherweise eine Kreditkarte vorzulegen. Der Mietvertrag muss unterwegs mitgeführt werden. Es ist deutlich preiswerter, Mietwagen in Deutschland zu buchen.

Pannendienst s. S. 23.

Notruf

Im ganzen Land gilt für Polizei und Ambulanz die Notrufnummer **112.**

Öffnungszeiten

Banken: Mo–Fr 8.30–14.30/15 Uhr, manche durchgehend geöffnet.

Geschäfte: Mo–Fr 9–13 und 15–19 Uhr, Sa 9–13 Uhr, Supermärkte auch durchgehend geöffnet. In den großen Einkaufszentren öffnen die Läden erst um 10 Uhr oder am Nachmittag und schließen erst um 22 Uhr oder später.

Museen: Meist Mo geschlossen, mit Ausnahme der Schlösser bei Lissabon (Sintra, Mafra, Queluz), die Dienstag oder Mittwoch Ruhetag haben. Museumsöffnungszeiten unterliegen häufig kurzfristigen Änderungen. Üblich ist eine Öffnung 10–12.30, 14–17.30 Uhr (außer Fei und wöchentl. Ruhetag).

Postämter: Werktags 9–12.30, 14.30 bis 18 Uhr, Sa, So geschlossen.

Post (correio)

Briefmarken *(selos)* kaufen kann man außer in den Postämtern in Cafés und Läden mit dem Zeichen *CTT* (rotes Pferd auf grünem Grund).

Souvenirs

Als Mitbringsel eignen sich *Süßweine* (Portwein, Moscatel de Setúbal) sowie handbemalte *Keramik* (vielfältiges Angebot) oder *Kacheln (azulejos)*. Filigraner *Silber- und Goldschmuck* wird um Porto hergestellt. Aus dem Norden (Viana do Castelo) und aus Madeira kommen *Wollpullover* und *bestickte Tischdecken. Arraiolos-Teppiche* aus dem Alentejo sind ebenfalls gestickt. Preiswert sind auf den Märkten *Korbwaren*, ferner i. A. Schuhe und Lederwaren.

Taxis

Taxifahren ist in der Regel nicht teuer. In den Städten gilt der Preis des Taxameters; außerhalb der Stadtgrenze wird nach Kilometern abgerechnet. Bei längeren Touren sollte man den Preis vor Fahrtantritt vereinbaren.

Telefon

Telefonieren kann man überall mit Telefonkarten (*Credifone Card* oder *Telecom Card*), erhältlich bei der Post, in Läden von Telecom Portugal und in Schreibwaren-/Tabakgeschäften mit dem CTT-Zeichen. Ermäßigter Nachttarif für Auslandsgespräche (0–7 Uhr). Inlandsauskunft: 118.

In Portugal ist seit Okt. 1999 die frühere Ortsvorwahl in abgeänderter Form Bestandteil der Rufnummer.

Vorwahl Deutschland 00 49; Österreich 00 43; Schweiz 00 41; Portugal 00 351.

Trinkgeld

In den Restaurantpreisen ist das Bedienungsgeld enthalten; ein angemessenes Trinkgeld ist jedoch üblich, ebenso im Hotel und bei Taxifahrern. Portugiesen geben meist weniger als 10 %.

Uhrzeit

In Portugal gilt die Greenwich-Zeit, d. h. es ist 1 Std. Unterschied zu MEZ.

Zoll

Für Reisende aus EU-Ländern sind Waren des persönlichen Gebrauchs zollfrei. Reduzierte Freimengen gelten für Staatsbürger der Schweiz: 2 l Wein, 1 l Spirituosen mit mehr oder 2 l mit weniger als 15 Vol.-% Alkoholgehalt, 200 Zigaretten oder 50 Zigarren. Souvenirs sind bis 200 sfr pro Person zollfrei.